EL CAMINO DE REGRESO
VOLUNTAD CON PROPÓSITO

Dr. Ernesto Antonio Almenares Boada

Reservados todos los derechos. No se permite la reproducción total o parcial de esta obra, ni su incorporación a un sistema informático, ni su transmisión en cualquier forma o por cualquier medio (electrónico, mecánico, fotocopia, grabación u otros) sin autorización previa y por escrito de los titulares del copyright. La infracción de dichos derechos puede constituir un delito contra la propiedad intelectual.

El contenido de esta obra es responsabilidad del autor y no refleja necesariamente las opiniones de la casa editora. Todos los textos e imágenes fueron proporcionados por el autor, quien es el único responsable por los derechos de los mismos.

Publicado por Ibukku
www.ibukku.com
Diseño y maquetación: Índigo Estudio Gráfico
Copyright © 2021 Dr. Ernesto Antonio Almenares Boada
ISBN Paperback: 978-1-68574-049-8
ISBN eBook: 978-1-68574-050-4

Índice

"Develando nuestro poder" — 5
Dedicatoria — 7
La búsqueda — 9
Introducción — 11
Comentario — 13
Capítulo 1: "Comprendiendo el Universo" — 15
Capítulo 2: "Libre albedrío" — 41
Capítulo 3: "La atención-elección" — 57
Capítulo 4: "El instinto y la inspiración" — 79
Capítulo 5: "Disciplina y motivación" — 85
Capítulo 6 "Conducta y personalidad" — 89
Capítulo 7 "Un paradigma existencial flexible para desplegar voluntad" — 93
Capítulo 8 "Nuestro poder que elude al tiempo" — 103
Resumen — 115

"Develando nuestro poder"

El ser humano se encuentra dotado de talentos invaluables, pero solo un número reducido de nosotros nos aventuramos a explorarlos para conjugarlos en nuestra vida práctica cotidiana. Reflexionar sobre ellos y accionarlos nos puede transbordar a despertar en nuestra verdadera dimensión, LA AUTOCONCIENCIA.

Desplegaremos en estas páginas tales cualidades dispersas para que puedas acoplarlas, primero como palabras y progresivamente como una nueva actitud ante la vida. Nos apoyaremos en conocimientos antiguos, aunque vigentes y otros más actuales para que durante tu travesía logres recrear TU VERDAD ÚNICA y PERSONAL.

Dedicatoria

"A los pueblos necesitados de discernimiento". A los jóvenes que requieren un aprendizaje alejado de imposiciones. A la voluntad con democracia que ilumine el sendero de las decisiones. A la grandeza de los humildes que saben escuchar.

La búsqueda

Quiero vivir sabiamente descifrando signos en los sueños. El destino me enseña menos que el tiempo y confabulados estropean todas mis memorias.

Persigo una gaviota, ella anida entre rocas de incertidumbres que desgarran mis carnes descalzas de escarmiento.

Trituro un consejo a golpes de experiencias similares y sigo adelante impulsado por una voluntad que no concibo explicar.

Examino el silencio que "grita" verdades absolutas, en el no existen los cantos de sirena.

La voluntad hostiga a mis miedos con señales de un amor sin pertenencia, colmado de agradecimiento.

Confío en la Eternidad porque me trae una paz sin fronteras, dominando la estación que promueve en mí los cambios, una paz que me estremece inmerso en un abandono donde todo cobra sentido".
Dr. Ernesto Almenares

Estas son palabras, recordándonos que la palabra lo creó todo y que el pensamiento a través del cual interpretas todo también está constituido por palabras e imágenes que designamos con palabras.

Son reflexiones, reconociendo que el desarrollo de la humanidad depende de enrumbarnos unidos en la conquista de una riqueza basada en el más fiel discernimiento lo antes posible para acuerdos en común. Disfruta enfocándote en la dimensión del ser y tu imaginación creativa porque es todo lo que en verdad posees.

Introducción

Sin importar cuan devoto o reverente seas, ni cuál es tu religión porque incluso un ateo es considerado un creyente de que Dios no existe, nadie escapa a las leyes originarias.

Si te expones a un campo electromagnético de alta frecuencia puedes ser electrocutado como resultado de la suma de dos fuerzas asombrosas, el magnetismo y la electricidad. Una te atrae y la otra te lacera, ellas te recuerdan el conflicto eterno de la existencia, crear y destruir. Cuando comprendes el proceso llamado deconstrucción, aparece una nueva visión donde todo se transforma y mejora. Utilizamos lo viejo para crear lo nuevo como ocurre con los hematíes en tu sangre que se renuevan constantemente reutilizando el subproducto de los ya inservibles, cuando tu propio organismo decide sabiamente destruirlos.

Al caer de gran altura tus órganos internos junto a tus huesos podrían estallar producto de la gravedad, otra ley incuestionable y la más atractiva, porque además es la encargad de atraerlo todo.

Si te expones a una tasa de radioactividad suficientemente elevada, todas tus células se estropearán producto de la fuerza nuclear débil que aun siendo débil logra al ser alterada modificar otra fuerza que depende de ese equilibrio, la nuclear fuerte y descomponer la mayoría de tus átomos. Créeme que cuando esto ocurre llega a ser espantoso. Recordemos los sucesos de Hiroshima y luego Chernóbil.

Por mucho que pretendamos saber sobre estas cuatro fuerzas que controlan y mantienen nuestro universo conocido, permanecen inmersas en otro imperceptible e insuficientemente examinado pero que también funcionan con una exactitud predominante. La humanidad ha logrado simultáneamente utilizarlas a su favor. ¿Llevas contigo un Smartphone? Esa es una señal visible a tu alcance de cómo obtener provecho de estos conocimientos. Ya no es un mundo invisible, se ha tornado en un mundo ultramicroscópico donde escudriñamos la verdad última para servirnos de ella. La <u>física</u> cuántica nos puede parecer <u>ficción</u>, pero a través de sus estudios se descubrió la <u>fisión</u> que hoy utilizan los reactores atómicos y que también nos amenazan solapados en bombas creadas por la necedad infinita de una parte de nuestra especie.

Ante los rostros sorprendidos de la ciencia algunas personas logran escapar con vida enfrentando la magnitud de estas potentes fuerzas.

Esta habilidad es posible gracias a otra fuerza también <u>invisible</u> y en la cual los médicos ponen siempre su última esperanza, "La fuerza de <u>voluntad</u>", la voluntad <u>acrecienta</u> nuestra <u>supervivencia.</u>

Si eres creyente o religioso podrías decir que es la fe.La <u>FE</u> es la voluntad descomprometida con mantener expectativas favorables más allá de todo razonamiento lógico. Cuando esta cualidad se <u>manifiesta</u>, por ejemplo, con una seguridad inexplicable en el discernimiento de un Doctor u otro hombre de ciencia, suele llamarse <u>intuición</u>, en un hombre común diríamos que se trata de una <u>premonición</u>.

Es esta intuición la porción mágica de la conciencia que convierte a la <u>Medicina</u> en la práctica de un <u>arte</u> basado en la <u>ciencia</u>, aunque hoy día todo pareciera ciencia, descubrir nuevos caminos al conocimiento constituye un arte.

Todos poseemos esa misma "Voluntad", que al igual a las leyes de la física podemos conocer y manejarla en nuestro beneficio. AMEN

Comentario

Giordano Bruno escribió:

..."Dios no es una inteligencia externa que flote por todas partes y lo dirija todo desde afuera; más digno de él es considerarlo el principio interno del movimiento que es su propia naturaleza, su propia manifestación, su propia alma..."
E. Cassirer, The Philosophy of the Enlightenment. Princeton, N. J. Princeton University Press, 1951, Pag 41.

Esta reflexión personal puede servir como muestra para evidenciar nuestra variedad de criterios.

Capítulo 1:
"Comprendiendo el Universo"

... Cuando nada existía ni siquiera letras, aun así, el universo fue expresado en palabras. ¿A qué se le llamó PALABRA?

Talmud (Libro de la tradición judía), en el Tratado de Padres (Pirkei Avot) se expresa:

"A través de diez locuciones se creó el mundo", lo que, es decir, con la sola palabra.

Los <u>códices</u> antecedieron a la imprenta, existían personas interesadas en hacer trascender lo que sucedía. A los que lo plasmaban de diferentes maneras lo ocurrido se les nombraba escribas o biógrafos y <u>componían</u> una membresía generalmente insuficiente. Esto causaba atrasos y tergiversación en los textos pues la imaginación y las creencias individuales suelen ser pésimos testigos.

Previo a este oficio las enseñanzas se trasmitían solo de oído en oído. De hecho, la lectura era el <u>privilegio</u> de unos pocos, fuera de ellos solía considerarse un <u>pecado</u> sobre todo si se tratase de una mujer.

Los códices vendrían siendo los tatarabuelos de nuestros libros modernos, incluso los hoy llamados libros electrónicos. Si analizamos su esencia los libros electrónicos pertenecen al mundo invisible de la energía y la información que componen todo nuestro universo.

Los libros de Alcanshur, por otro lado, tallados en madera, <u>promueven</u> la más increíble historia de nuestros antepasados, con una pictografía discretamente descifrable para nuestros modernos métodos científicos de <u>investigación</u>. La palabra no escrita es también invisible, continuamente se limita al sentido perceptor de la visión, al parecer este nos niega apreciar lo más importante. Todas las especies poseen diferente frecuencia de visión, que interesante, estamos todos en un mismo lugar viendo cosas totalmente diferentes.

"LA LECTURA SIEMPRE HA TENIDO MUCHO PODER" y ahora nos estamos alejando vertiginosamente de ella, demasiado entretenidos, dispersos. ¿Tienes un Smartphone? También es muestra de cuan distraído puedes permanecer, mira las horas que le dedicas al día. El Smartphone es una creación genial aunque corremos el mismo peligro que con nuestro intelecto, ambos han surgido como una herramienta y ahora nos intentan controlarnos, incluso nos hace creer que nuestros razonamientos tan limitados y limitantes somos nosotros mismos. Veo con frecuencia a personas que se dirigen a Dios a través de Facebook y eso permite visualizar lo desenfocados que nos encontramos entre la tecnología y los medios de comunicación. A través de esos medios incluso hay muchas personas considerando cierta la existencia de vampiros en la apariencia de personalidades muy conocidas.

¿Una noticia puede constituir buena lectura? La noticia contiene una intención implícita para inducir una voluntad diferente a la espontánea y propia. Puedes escuchar o leer noticias con un buen filtro de sospecha y escoger varias fuentes diversas en origen para encontrar lo que sientes se aproxima más a tu verdad.

Volvamos....Sin embargo, aún antes de que nada existiera lo <u>primero</u> fue el "<u>verbo</u>".

El todo yacía en medio de la nada constituyendo acaso un punto intrascendente, eventualmente solitario.

Evangelios de Juan:
"En el principio era el verbo y el verbo era con Dios, y el verbo era Dios.

Todas las cosas por él fueron hechas y sin él, nada de lo que ha sido hecho fue hecho".

El <u>verbo</u> hablado en cada oración queda constituido por uno o más sonidos que expresan el elemento activo o pasivo de lo que ocurre, usualmente denotan la <u>acción</u> dentro de la oración, o sea, el verbo "<u>encarna</u>" los <u>procesos</u>.

Albert Einstein respecto a la materia, aparentemente sólida dijo: "Sin embargo algo se mueve".

Este movimiento significa actividad en cualquiera de sus manifestaciones y el verbo revela esa actividad. Hay movimiento en todo, la tierra se mueve a velocidades astronómicas y ni lo notas, existe movimiento incluso en lo aparentemente sólido y se le denomina vibración, todo al parecer está literalmente vivo.

Por alguna <u>razón</u>, la omnisciencia misma inflamó la chispa de la creación. No quiso perpetuar su soledad en tan inmenso <u>vacío</u>. La razón es producto de la mente y las ideas, por lo que muchos consideran que el universo es solo <u>mente</u>, que transforma una realidad amorfa en contornos y siluetas, sin embargo la mente también puede hallarse llena o vacía. ¿Has leído sobre Mindfulness? Te sugiero lo hagas, puedes aliviar así tus incertidumbres y también tu ansiedad. *Recuerda que para crear hizo falta el vacío.*

En aquella explosión inicial se dio paso a las cuatro fuerzas fundamentales que sostienen nuestro universo: la fuerza de gravedad, el electromagnetismo, la fuerza nuclear débil y la fuerza nuclear fuerte. Le puedes llamar Big Bang a este comienzo si te apetece.

Todo parece indicar que ya existían esas fuerzas, probablemente contenidas a su vez en algo tan diminuto como un solo átomo.

Recordemos, estas leyes, las del macromundo visible y las de dentro del átomo, micromundo invisible, se manifiestan en perfecto equilibrio. Nos cuestionamos entonces, ¿Un micromundo? ¿No son acaso lo grande y lo pequeño tan solo puntos de comparación? ¿Existía en ese inicio algún punto de referencia para tal cálculo? Pues no, entonces simplemente, todo era. Pero, ¿Por qué en pasado? El tiempo es una percepción relativa para comprender los sucesos. Todo simplemente ES, EL <u>SER</u> es. Del verbo ser en inglés (To be), <u>ser</u> o <u>estar</u>, para esta lengua es lo mismo, digamos que el Ser permanece. Entonces el Ser aún está, puede que pertenezca al mundo invisible en el que se ha enfrascado la ciencia moderna, el mundo de lo informe.

Coincidentemente son también cuatro los átomos indispensables para la vida compleja en nuestro planeta tal cual es ahora: carbono, oxígeno, nitrógeno e hidrógeno. ¿Son acaso estos tan diferentes del resto?

Se ha descubierto que dentro de ese diminuto espacio en contención al que llamamos átomo, el contenido es el mismo para cada uno de ellos, energía vibrante y más del 99.99 % de su espacio es vacío.

Solo varía la manera en que vibra esa <u>energía</u> de uno a otro y en eso radica la diferencia que los representa con esa asombrosa <u>diversidad</u> basada en el número de protones presentes en su núcleo. La <u>mente</u> racional siempre <u>cuantifica</u> todo. Cuando te sorprendas cuantificando, calculando, recuerda que es tu hemisferio izquierdo y que la verdad vendrá del equilibrio entre ambos hemisferios. Tal vez el derecho, romántico, intuitivo y receptor ha estado adormilado por demasiado tiempo en la inmensa mayoría de nosotros.

Dimitri Ivánovich Mendeléiev (1834-1907), fue un químico ruso reconocido por haber elaborado la tabla periódica de los elementos químicos, los cuales organizó meticulosamente, dejando espacios vacíos para los que aún eran desconocidos en su tiempo, aunque algunos de ellos han sido ya ubicados en la misma.

En su tabla aparecían el hidrógeno con el primer puesto y el Uranio en el lugar 92, siendo entonces el último. Ahora aparecen otros como el Nihonio 113, Moscovio 115, Téneso 117 y Oganesón 118, el universo se redescubre constantemente.

Hoy en día los países desarrollados llevan a cabo la faena de enriquecer o empobrecer el uranio, modificando su número atómico para aprovechar mucho más la fisión de su núcleo como fuente de energía. Mientras por otro lado se empobrecen convenientemente a los países sin desarrollo donde muchas veces quedan sus desperdicios, una ironía gramatical sobre la repartición de riquezas.

… Por demás, dentro del átomo una pequeña porción está constituida por pequeñas partículas de energía viajando a velocidades incalculables.

Para tener una idea, a la velocidad a partir de la cual se fluidifica la materia hacia estados más etéreos Einstein la designó como: La velocidad de la luz (299.792.458 m/s) multiplicada por sí misma o sea al cuadrado. Lo que sí quedó claro luego es que este aumento de velocidad se podría definir mejor por la vibración que por la traslación porque determina la densidad y existencia de la materia. Todo cuanto ves y lo que no puede ser visto es energía. Cuanto más lento vibra, más densa es la composición de la sustancia u objeto, cuanto más fluido es la sustancia más alta es la velocidad de su vibración.

Einstein: $E=m*C^2$, *Energía es igual a la masa por la velocidad de la luz al cuadrado (donde la masa es la materia)*. Si sustituyes en la ecuación encontrarás que todo, incluyéndonos a nosotros, es energía, por tanto, lo que ves no es todo lo que ES. *La materia oscura es hoy un debate interesante sobre lo que incluso no forma parte de esa energía y constituye más del 80% de nuestro universo. Los científicos calculan su existencia por los campos gravitatorios que la rodean. Evidentemente nada escapa de la gravedad, pero la gravedad sí se nos escapa de nuestras investigaciones más audaces.*

Retomemos el momento de la "explosión" y la "expansión".

Son muchos los científicos que aseveran que las incalculables dimensiones del universo crecen hacia dentro de sí mismo y que es nuestra percepción a través de nuestros sentidos la que lo invierte.

No es algo tan inverosímil porque ya sabemos que un agujero negro devora galaxias enteras y toda esa masa de materia no se vierte hacia ningún lugar conocido ni tampoco desaparece, sino que se transforma como propiedad de toda la energía.

Los grandes <u>sabios</u> de cada una de las diferentes religiones nos <u>dicen</u> que la verdad se encuentra dentro de nosotros.

¿A qué obedece que <u>empleemos</u> entonces tantos recursos en viajar hacia afuera alejándonos incluso hacia el espacio sideral, posponiendo reiteradamente el necesario y <u>realizable</u> <u>viaje</u> <u>interior</u>? Ahora parece de moda que alguien pueda viajar al espacio exterior sin propósito suficiente. Cuanto gasto de recursos en vano, cuanto desacierto. Deberían hacerlo los que nos traigan respuestas y soluciones. Si no te conoces a ti mismo que es tu punto inicial de referencia cómo puedes comprender lo que ocurre allá afuera, cuando lo más importante es invisible para ti. Tal vez te encuentres a ti mismo si cierras tus ojos para no dispersar tu atención y te percatas de que no solo tu corazón late, sino que todo tu cuerpo palpita vibrante de energía. Prefieres viajar sin objetivos claros a cualquier lugar porque consideras que te contrarían los ya conocidos y la verdad es que te aburres a ti mismo por falta de perspectiva. Cuanto más logres materialmente extrayendo gran cantidad de energía vital de tu interior, más vacío te sentirás porque somos esa misma energía vital con su disfraz de entendimiento y una personalidad aprendida.

Lo más importante es que encuentres tu verdadero propósito por lo cual hablaremos de ello.

Si la percepción se <u>encuentra</u> invertida entonces todo lo creado y <u>evidente</u> se encuentra dentro de nosotros.

Eso incluiría al <u>Creador</u> pues ambos son inseparables. En el principio el <u>Todo</u> se fusionó con la Nada, el <u>Ser</u> y el No Ser de las discrepancias filosóficas en las cuales algunos tildan de <u>Pensante</u> al Ser y otros aseguran que el Ser fue anticipadamente pensado.

Esta teoría nos permite conformar una utopía: ¿<u>Estará</u> el creador <u>atrapado</u> en nuestro interior tratando de dar continuidad a su creación a través <u>nuestro</u>? ¿Se tratará solo de sintonizar con él o con nuestra propia porción divina para dar paso a todo logro? ¿Qué travesía debemos escoger? Presta atención a la evidencia que aborda este <u>libro</u>. Sintonizar con tu interior te llevará a encontrar tu verdadero propósito y ahora mismo ese proceso está ocurriendo, desdichadamente aún no estás atento a él.

¿Sabías que la más <u>misteriosa</u> de nuestras cuatro fuerzas es la Gravedad? Las restantes han dejado huellas para ser rastreadas por los científicos, pero en cambio esta no.

De hecho, Newton logró descubrirla, pero no atinó a explicársela a pesar de la veracidad y exactitud de sus mediciones. Continúa siendo así, aunque fue la primera de las cuatro en descubrirse.

El gravitón no se ha hecho tangible ni en los más sofisticados medios de <u>investigación</u>, ni siquiera en el formidable acelerador de partículas.

Que coincidencia, es esta la fuerza que <u>atrae</u> hacia dentro, hacia el centro de cada objeto del universo, aunque varía de uno a otro, el mayor en densidad atrae al de menor densidad, ¿Crees en las <u>coincidencias</u> o en el <u>desconocimiento</u> de sus causas? Todo lo más importante se nos hace invisible, en este caso ni siquiera es una verdad ultramicroscópica, es simplemente incognoscible a través de los cinco sentidos.

¿Existirá algo mayor que nosotros en nuestro interior intentando atraernos como un agujero de energía para transformarnos en "algo" diferente? ¿Algo tan <u>inmenso</u> y que a su vez es esencia de nuestra propia existencia?

Génesis 1:27 ...y creó Dios al hombre a su imagen, a imagen de Dios lo creó; varón y hembra los creó.

¿Somos entonces una réplica resonante con una doble definición de género?

Lo masculino y lo femenino no se refiere solo al sexo, observa la diversidad que te circunda. Todo se encuentra concebido con polaridades porque es energía. Es interesante y alegórica la explicación de los pares de opuestos según el Yin-Yang de los antiguos asiáticos, los asiáticos modernos están también buscando respuestas en la luna e inmersos en la economía global. Los seres humanos modernos producen diez veces más recursos de lo que necesita toda la población mundial, sin embargo, existe pobreza extrema en muchos lugares.

¿Sabes cuantas personas podrían alimentarse con lo que cuesta un viaje al espacio? Hemos perdido empatía de especie, aunque adoremos mascotas.

En nuestro medio es poco común observar implosiones de manera natural, son más probables en lo profundo del lecho marino y en su opuesto el lejano cosmos. Explotan hacia afuera como las aeronave e implotan hacia dentro como lo hace un submarino que va a profundidades y presiones mayores a las toleradas por sus paredes.

¿Seremos entonces el resultado de una implosión... o del intercambio constante entre ambos, explosión-implosión, aparición-desaparición, constituyendo un mismo proceso continuo de compensación? Cuando se mira a través de un microscopio electrónico al mundo conocido este fluctúa, aparece y desaparece como los electrones dentro de un átomo. El mundo no se va a ningún otro lugar, recordemos el inicio de la creación, El Todo y La Nada, son una misma cuestión. ¿Qué nos hace creer que algo que hallamos conocido pueda ser más importante que aquello que podamos sentir sin percibirlo?

¿Qué es un agujero negro en el espacio sideral?

Es un diminuto punto con el peso de una gran estrella. Imagina el poder de su gravedad, cuánta densidad, ¡Lo engulle todo! Ya ha sido descubierto uno en el centro de nuestra Galaxia.

Volvamos ahora al momento de la creación.

Si el creador(a) encontró una razón fue porque pudo diferenciar entre La Nada y El Todo y se descubrió consciente de sí mismo. Esta es una <u>condición</u> que solo posee demostradamente, hasta ahora, el <u>hombre</u> en todo el universo, nuestra <u>autoconciencia</u>.

…El creador encontró un "<u>motivo</u>" para hacer cambiar el modo en que todo se hallaba, hasta "<u>sentir</u>" el "<u>deseo</u>" de llevar a cabo la titánica obra.

Si fue razonable, en tal caso, está dotado de una mente <u>inteligente</u> y por supuesto tuvo un propósito <u>implícito</u> para su propia creación.

Actualmente ningún científico duda de la <u>existencia</u> de una creación <u>inteligente</u>, <u>equilibrada</u> y perfecta. En ese contexto El Eterno fue creativo, ¿Es una redundancia, creador-creativo? <u>Creatividad</u>, palabra primordial. Solo los seres creativos se diferencian del resto, tal vez porque crear es nuestro verdadero propósito siendo hechos a imagen y semejanza del creador.

Pero, ¿qué clase de deseo o <u>aspiración</u> puede ser tan <u>poderoso</u>? No cabe dudas de que sea el más sublime de todos, El <u>AMOR</u>.

Este amor es en sí la suma de todos los deseos, en él se simplifican y resumen con una polaridad neutral y nos colma de una paz inmensurablemente profunda.

En Él cesan las ansiedades creadas por los deseos que surgen del intelecto, del auto reconocimiento personal, EL EGO, pero ese AMOR no es la exaltación por una pareja u otra cosa o cuestión, este constituye la pasión por toda la existencia.

Génesis

…Y Dios prohibió al hombre comer del árbol del conocimiento.

La ciencia del bien y el mal, los pares de opuestos surgieron allí, antes todo simplemente era o sea Es porque es indemostrable el factor tiempo, ni bueno ni malo.

"Gracias Dios por habernos permitido pecar, que es igual a errar o equivocarnos. ¿Qué sería de nosotros en medio de la nada sin voluntad ni propósito? ¿Qué sería del mundo sin Amor?"

¿Será entonces nuestro propósito encontrar el AMOR para poder crear en consonancia con él? Esta idea tiende a confundir un poco a razón de algunas similitudes con la vida corriente de ¡amor-sexo-reproducción! Diferente a crear creativamente. Lo desglosaremos más adelante. Por el momento imagínate: si las emociones nos manipulan y estimulan comportamientos con tanto poder sobre nosotros, ¿cuánto poder podrá tener la suma de todas ellas?, siendo neutralizadas nos ofrece la imprescindible paz del inicio.

Ve pensando en los diferentes tipos de amor que conoces.

¿Qué sientes cuando un niño se te acerca y sin motivo alguno te abraza con todas sus fuerzas? ¿Se humedecen tus ojos? Eso es Amor. Si no te ocurre te falta aún por comprender a lo que puedas llamar vida… No son lágrimas de tristeza, tampoco de alegría, podrías decir que son sentimientos encontrados porque los consideras contrarios, cuando en verdad el amor hace colisionar a todas las emociones para neutralizarlas e ir mucho más profundo, emergiendo así Consciencia y Dicha. Lo contrario de la Tristeza es la Ira y de la alegría es la Melancolía, dedicaré un libro a explicar cómo funcionan las importantes Emociones hasta ahora incomprendidas y te sorprenderá que ya lo presentías.

Volvamos…

…Todo era análogo, pero al diferenciar el todo de la nada se estaba dando origen a una percepción fragmentada de todo lo creado, los perpetuos pares de opuestos: (derecha-izquierda, arriba-abajo, frío-caliente, todo-nada, etc.).

Su resultado predominante lo son hasta el presente el hemisferio derecho e izquierdo del cerebro humano, con sus tan diferentes funciones e interpretación de lo percibido a través de los órganos sensoriales. Estos a su vez actúan con variable equilibrio creando una realidad alternante. Resulta que no hay nada ahí afuera, solo energía vibrante, sin embargo, todos nos aseguramos de que es una realidad sólida para evitar tropezar o tener un accidente de tránsito.

Es interesante saber que los científicos afirman que nuestro sistema nervioso crea a nuestra realidad, al menos la que se percibe, es algo así como un sueño proyectado en vigilia. Nuestro cerebro funciona entonces como un viejo proyector de cintas de cine, toma esa masa dispersa de energía y vacío y co-crea realidades. Igualmente proyecta realidades a través de nuestra imaginación y nuestros sueños, lo que demuestra que nuestro sofisticado proyector realmente utiliza más nuestra energía vital para crear que la existente en el exterior o tal vez sea cierto que la exterior no existe y que no hay nada más allá afuera que nuestra imaginación y creatividad. En cualquiera de esas proyecciones mentales creemos a través del estado de conciencia correspondiente a cada una, que son tan reales como las demás y tenemos reacciones muy parecidas incluso a nivel de secreción hormonal. De hecho, existen otros estados y otras proyecciones, citemos a la hipnosis. Durante la hipnosis no estás ni totalmente en vigilia ni tampoco dormido y proyectas otra realidad paralela a la presente. En ese momento, ¿dónde te encuentras tú exactamente? Ves un episodio de tu vida frente a ti y conversas con un terapeuta al respecto, ambos parecen ser reales a un mismo tiempo.

Más allá de cómo cada quien la perciba, existe una realidad con un sentido diferente a la de nuestro cerebro e intelecto por la cual se guía el Universo en su insondable manifestación perfectamente sincronizada.

¿Te percatas de cuando ocasionalmente sabes que algo te va a sobrevenir? Es lo más natural del universo, en él no existe el tiempo, solo eternidad, los sucesos no poseen un antes ni un después. Los científicos declaran que todo parece estar ocurriendo en un mismo instante, los sabios te hablan de un ahora perenne. En ambos casos no se está citando el tiempo del reloj sino la presencia consiente del universo unida a la tuya, cuando lo logras estás en una sola realidad, no necesitas recuerdos ni proyecciones futuras. Por eso el proceso de meditación elimina la ansiedad y el miedo, el ahora profundo es simplemente paz. Imagina que también lograses ver esta realidad como lo haces durante hipnosis evitando conceder tanto poder a los sentidos del proyector llamado cerebro.

Jesús: la verdad está aquí y ahora, entre nosotros...

Lamentablemente el hemisferio izquierdo nos ha estado gobernando durante demasiado tiempo. ¿Habrá llegado el momento de que tome primacía el derecho? Recordemos que el derecho es el más espiritual, sensitivo y romántico; el izquierdo el más racional, calculador y objetivo. "Lo ideal es recobrar paulatinamente el equilibrio entre ambos"

Retornemos...

...Sin embargo, no bastaba toda esa energía acumulada en algo así como un solo átomo que constituía en sí una fuerza maravillosa de potencial inagotable.

Por solo aproximarnos a ella, piensa en la suma de las cuatro fuerzas atrapadas y a punto de abrirse paso expandiéndose.

El potencial desarrollado a expensas de la disociación nuclear de átomos llamada Fisión, por ejemplo, el de hidrógeno o uranio, nos indica cuan potente podría ser la inflación de aquel punto originario suma de todos los existentes hasta el presente. ¡Cuánta potencia!

Japón sufre aún hoy por el resultado de las ecuaciones que llevaron a crear la bomba atómica, de las cuales tardíamente Einstein terminó arrepintiéndose.

A pesar de esos errores otros hombres continúan aprovechando esa energía para crear bienestar y desarrollo. También esta otra buena intención atrajo una catástrofe similar a la mala en el propio Japón por detrimento de la atención sobre una terminal de energía nuclear. Equivalente accidente al ocurrido en Chernóbil con diferente resultado. Por eso todo simplemente ES, ni bueno ni malo, aunque el intelecto se afane en clasificarlo, todo es simplemente energía rehaciéndose a sí misma.

¿Por qué permitimos que nos gobiernen los que deciden en ocasiones fragmentar el átomo para matar, en vez de los que dedican su vida a restaurar el valor de cada molécula viva? ¿Existe algún país infaliblemente democrático? Es difícil mientras nos gobierne el hemisferio izquierdo del cerebro, lograrlo sin el equilibrio de ambos nos será imposible.

Opinemos…
La atmósfera de Júpiter arde perpetuamente al igual que la del sol, verdaderos reactores nucleares descomunales.
Se ha calculado que aproximadamente el 87% de esa atmósfera está constituida por hidrógeno y alrededor del 13% por helio.
¡Qué derroche de energía tan "cerca nuestro"! sabemos que esta es la causa fundamental de nuestras guerras modernas, aunque pronto terminaremos peleando por no saber cómo repartirnos el agua que quede después de tanta contaminación desventurada.
Una guerra es siempre la muestra de lo insuficiente que hemos evolucionado hacia dentro y de lo inmoderado que lo hacemos hacia afuera. Pero aun así también a todos nos gustaría dar un viaje junto El señor Jeff Bezos al espacio exterior del planeta. Será que la insensatez es más contagiosa que la sabiduría y probablemente acumulan más recursos los que menos se preocupan por salvar verdaderamente a la especie y no una parte privilegiada. Si fuesen conscientes de esto no lograrían acumular tanta riqueza sin propósito, hay mucho por hacer. El dinero es buen síntoma de acumulación de energía, lo que puede ser erróneo es el uso que se le dé.

Retornamos...

Finalmente, las fuerzas quedaron divididas:

Para el mundo ultramicroscópico la fuerza nuclear débil y la nuclear fuerte. Para el gigante y grotesco mundo macroscópico el electromagnetismo y la gravedad. ¿Cómo se logran reconciliar estas dos desiguales partes de nuestro mismo universo? Los más dedicados científicos trabajan para comprenderlo porque en verdad las leyes que actúan en un nivel profundo no logran manifestarse en el otro superficial y viceversa.

Volvamos al inicio...

...Entonces emergió lo más extraordinario. El creador, con un nombre en forma de palabra para tal <u>inteligencia</u>, sobrepasó los límites de todas esas fuerzas creando una mayor y equilibrada entre ellas. Y con tal <u>espontaneidad</u> surgió la <u>Voluntad</u> <u>Divina</u> de la creación.

¿Es la Voluntad otra fuerza invisible? La palabra Dios, teniendo en cuenta que fue el impulso, el movimiento mismo que lo inició todo, debería considerarse siempre un verbo en vez de un sustantivo, encontrando a partir de ello nuestras similitudes con él, el gran poder de crear.

Toma un pliegue de papel y construye un pequeño barco, muéstrale a un niño cómo se hace, despierta su ingenio. Un juguete sofisticado no está mal, pero le roba su creatividad y lo aleja del mayor bien posible en una vida de constante supervivencia, no es casual que los niños pequeños elijan constantemente objetos animados por la imaginación antes que algunos juguetes costosos, obsérvalos sin cálculos.

Si viste la película Titanic podrás recordar que muchos murieron por la escases de botes, otros se salvaron flotando encima de alguna puerta de madera y de esas había muchas disponibles. Enseña a tu hijo(a) a nadar y también a construir puentes, inicialmente sencillos y luego los más difíciles, los puentes entre humanos. Nadar es cómo manejar las fuerzas que te rodean y los puentes son una vía para evadirlas, existe un puente más importante que crea solidaridad y salva muchas más vidas, ese se construye desde el corazón y se llama

Amor Incondicional. Este enorme puente es el que nos permite ser semejantes a Dios. Recuerda el gran mandamiento: Levítico 19:18 ama a tu prójimo como a ti mismo.

El Amor es también acción, verbo, ese Amor es Dios.

Las fuerzas fundamentales de ambos mundos coexisten en armonía, pero es necesario desde un inicio accionarlas y por esa razón surgió el ESFUERZO y de tu esfuerzo constante de superación consciente surge tu propia VOLUNTAD.

El primer esfuerzo de vida es tu primera respiración, sin ella nada continúa, dedícale atención a esa fuente inicial de vida, no importa cómo le llames a ese proceso, te llevará progresivamente hacia tu interior.

Es ese brío el ímpetu que concedió al silencio carácter de verbo, lo agració con "organización", "estructura" y "movimiento" convirtiéndolos en un par indisoluble:(… y el verbo era con Dios, y el verbo era Dios.) el Amor vibrante dio a luz al Sonido en forma de Verbo y aun cada verbo crea. Cuida de tus palabras.

Mateo 15:18. Pero lo que sale de tu boca proviene del corazón, y es eso lo que contamina al hombre.

Esto nos deja el legado de multiplicidad que posee la voluntad. ¡La voluntad es necesariamente transformadora! ¡Transfórmate, transforma tu mundo favorablemente para todos! Es la manera más genuina de hallar tu Propósito.

¿Encuentras alguna diferencia entre voluntad y Dios? ¡Examínalo!, has un listado de cualidades de cada uno. Nuestra voluntad es tal vez nuestra porción divina más importante, esfuérzate como lo hizo el eterno creador. Recuerda que esa voluntad fue promovida por AMOR, ese amor hacia toda la existencia es la razón por la que el propósito se convierte en servicio. Distingue El Servicio a través del cual aportas tus cualidades individuales disfrutándolo, de la servidumbre donde unos terminan con privilegios y otros en posición de menosprecio. El que tiene para ofrecer se encuentra más cerca de la dicha, es tu elección compartir como propósito o mostrar lo que acumulas mientras te alejas, ya sea de tus congéneres o hacia el espacio sideral buscando nuevas satisfacciones. Si crees no tener nada para ofrecer, pregúntate a cuantos les está faltando un abrazo y si no tienes brazos pregúntate si no es un gran abrazo lo que a ti más te está faltando.

¡El universo se esparce y aumenta su velocidad de expansión ahora mismo! Jamás se detiene. Con frecuencia algunos lo dudan, esa es la correspondencia entre <u>Voluntad</u> y Oposición imprescindible para nuestra <u>superación</u> de conflictos, sin ello no habría desarrollo. Agradece TODO lo que se te opone porque está ahí para que se manifieste tu porción divina de VOLUNTAD.

Conocemos que el sonido provoca la vibración y viceversa, cada vibración provoca un sonido. Sabemos también que es la calidad de la vibración la que determina el carácter del átomo y por tanto de la materia, por eso el verbo crea literalmente hablando. Si se modifica la vibración producirá un cambio en el número de protones y quedarán liberados, una "libertad" demasiado peligrosa, "La Fisión". Aunque toda libertad encierra peligros si no es con responsabilidad. Por esa razón se ponen en peligro muchas democracias, permitir libertad supone exigir responsabilidad y es así desde que Adán y Eva sirvieran de enseñanza. Se puso a prueba su propia voluntad, se les ofreció libertad de elegir, se les expuso a ambos al peor peligro posible, la Tentación y contrajeron la responsabilidad de poder conocer al mundo desde el pequeño amor filial de parejas y el sexo o El gran AMOR hacia la creación. Interesante y compleja ilustración. Todavía estamos en la posición de elegir, aunque esa historia parezca solo una parábola educativa.

El verbo que es sonido y por tanto vibración, estructuró todo lo existente y lo continúa haciendo producto de que ese esfuerzo se transforma en voluntad.

La <u>Voluntad</u> engendra movimiento, el <u>movimiento</u> es acción, la <u>acción</u> está implícita en el verbo, el verbo es un sonido, el <u>sonido</u> produce vibración, esa <u>vibración</u> mantiene la <u>vida</u>. La vida depende definitivamente de la voluntad.

Cuídate pues de la <u>inactividad,</u> es sinónimo de <u>muerte</u>, observa a tu alrededor como se mueven las plantas que representan la vida en nuestro planeta, cuando los árboles son "asesinados", su madera momificada es convertida en muebles o parte de una casa u otro objeto inanimado donde permanecerán inertes... Utilicemos ese recurso prudentemente.

Si cesa la vibración o se modifica el <u>equilibrio</u> perfecto entre esas fuerzas, entonces todo lo que conoces dejará de <u>existir</u> ¿Estás <u>consciente</u> de ello?

¿Comprendes la relación entre tu existir consciente equilibrado y la permanencia de nuestro Universo?

Retornemos...

...Entonces la voluntad no es solo una fuerza, sino más bien radica en el Esfuerzo Continuo. El esfuerzo de sobrepasar limitaciones objetivas y subjetivas, físicas o mentales para alcanzar determinados objetivos, metas y propósitos, esto la convierte en un poderío superior. Desde el inicio la voluntad superó a las cuatro fuerzas fundamentales para dar lugar a nuestra existencia.

Si tu vida es ociosa practica algún deporte, es cierto que el cuerpo y la mente se niegan, pero cada vez que los superes los arrastrarás con tu voluntad y terminarán sirviéndote dócilmente para la propia creación de tu realidad.

Cuando un esfuerzo va dirigido a un logro convenientemente definido se convierte en intención. ¡Poseo la intención de, un objetivo determinado!

¿Cómo podemos aumentar el poder de la intención y así estimular la voluntad?

Te sorprenderá lo sencillo y a la vez lo arduo que se nos hace en esta era postmoderna, pero retomarlo puede ser la fórmula que transforme al mundo. Te lo explico en un capítulo solo para ello. ¡Dedícale ATENCIÓN!

"Porque la voluntad es obra y razón, todo quedó impregnado de ella". "Porque el motivo fue AMOR, todo propósito verdadero será guiado por el "AMOR".

Recordemos que es el AMOR por la existencia toda y no hacia un solo objeto o persona de tu apreciación.

La sabiduría inicial se preñó de esfuerzo para dar a luz a nuestra realidad con una abundancia tan infinita como la propia conciencia universal. Ahora solo debemos sintonizar con nuestra conciencia y adsorber de ese potencial sin necesidad de esfuerzo. Algunos lo llaman mínimo esfuerzo, otros hacer sin hacer y otras restantes versiones en cada una de las antiguas culturas.

Las leyes de la no-acción explican que no se trata de no hacer nada sino de elegir qué hacer en el momento adecuado y amar lo que haces, si lo amas fluirás en él proceso. Así creó Dios el mundo, como un suspiro, enamorado de su propia creación. Así concibe una madre amorosa a sus hijos, así encontrarás tu propósito cuando sirviendo no sientas más que Amor por lo que haces.

No son pocos los que se sienten flaqueados, exiguos de voluntad, los que piensan que la creación cesó y nos abandonó. Muchos se preguntan ¿A dónde se fue Dios?

Esa voluntad creativa y creadora es inquebrantable, su intención ininterrumpida se perfila en esa persistente energía vibrante que siempre ha sido y ES. Cuando se detenga ya nada habrá nada a que temer pues tampoco existirá cosa alguna para comparar o sufrir su pérdida, se iría todo a un mismo tiempo y con ello tus deseos que son la fuente del sufrimiento.

Por cierto, <u>Dios</u> está en todo, si lo colocas en un espacio circunscrito a un área o forma lo extraerás injustamente del resto de los espacios o creencias. La pregunta ¿dónde está? <u>ES</u> mal concebida. Pregúntate: Dónde siento a Dios, en qué tarea el tiempo para mí no existe y solo vivo la experiencia de un fragmento de eternidad. Comprende que el verbo es acción, no una palabra en forma de etiqueta para mencionar, reclamar o adorar inútilmente.

El <u>Creador</u>(a) hace un esfuerzo constante por mantener lo creado ¿Y tú te estás esforzando por algo? <u>Recuerda</u> que del <u>Esfuerzo</u> surge la <u>Voluntad</u> y de ella Todo. Localiza tu verdadero <u>Propósito</u>. Si tienes dudas relaciona tu propósito con tu vocación. ¿Qué es lo mejor que tienes para ofrecer?

Date cuenta de que muchos ni siquiera logran terminar de leer un pequeño libro. ¿A qué grupo deseas pertenecer? Da siempre un paso más.

Tal vez te preguntes ¿Dónde quedó ese <u>deseo</u> al que llamar Amor? al ver tantas calamidades en nuestro mundo actual.

Intenta descubrir ese <u>gran</u> Amor que mora aún en cada uno de nosotros y que a <u>pesar</u> de todos los contratiempos ya rebasamos los siete mil millones de habitantes y cada uno posee la semilla que <u>crea</u>

vida y más allá de eso podemos re-crear a partir de lo creado siempre algo nuevo y original.

En nuestros tiempos es importante saber que el Amor posee un enemigo al que le hemos permitido demasiado poder, el Miedo, el comandante que domina al resto de las emociones. El Miedo y el Amor son incompatibles y por eso vivir encierra peligros y es inevitable tomar decisiones. Nos resta decidir, vivir peligrosamente o no vivir.

Apocalipsis 3:16 pero por cuanto eres tibio, y no frío ni caliente, te vomitaré de mi boca.

Todo depende de tus decisiones oportunas y conscientes.

Te preguntarás también ¿por qué tanta destrucción? y volveremos a repasar si no está todo en perfecto orden, en equilibrio entre explosiones e implosiones de creación, mantenimiento y destrucción, por lo que nada desaparece de manera permanente. Aceptarlo promueve gran paz interior.

¿Ya curioseaste qué es un agujero negro? Entonces averigua qué es una Supernova.

"Una estrella que explota creando nuevos mundos"

Respecto a esto la física de Einstein y sus continuadores aseveran: La materia no se crea ni destruye, solo se transforma. Por lo que únicamente posee valor la experiencia durante esa transformación. Los humanos modernos temen a la trasformación, combaten el envejecimiento de manera estética, sueñan con una felicidad estática, cuando verdaderamente todo es dinámico, amar lo inerte es insensato porque solo perdura como una pequeña fase de la transformación a la que llamamos muerte.

Hasta el presente verificamos que la materia se ínter-transforma: materia=Energía*altísima velocidad.

Podríamos acotar al respecto que es un proceso continuo. Todos los seres vivos existimos y formamos parte de ese proceso, siendo tan eternos como nuestro universo donde el tiempo carece de sentido, pero lo eterno es lo que no logras ver sino sentir. Eso sí, nos transformamos a través del esfuerzo que por nuestra voluntad nos mantiene vivos.

Es revelador que todo esto lo explique el Tai Ji Tu a través de la teoría del Yin-Yang desde hace varios miles de años. ¿Sabes quién fue LAO TSÉ? Él fue el creador de la filosofía del DAOISMO.

Es atractivo comprender por qué designa dos DAO, el conocido y el incognoscible, el pronunciable y el innombrable; "una vez más aparece la importancia de la palabra o el verbo"

Los occidentales nombraron al Chi de los asiáticos antiguos como "Energía" para su mejor comprensión, pero ya pocos ignoran que es mucho más que eso, que ese Chi, ki o Prana constituye el movimiento sutil de la energía en todos los aspectos profundos de la existencia.

La Voluntad promueve la Energía que da paso al Movimiento, el movimiento lleva implícito una Intención que necesita de una concienzuda <u>Atención</u> sobre tu futura Creación que se transformará en Materia o en proceso con el Propósito de mejorar la Vida, constituyen un círculo perpetuo que nos lleva de nuevo a la Voluntad, sin ella sucumbiríamos en todo sentido. Observa como aparece un nuevo e imprescindible elemento, La Atención.

La Voluntad resulta en una fuente de Energía adicional, es un impulso que puede llevar a esa Energía a evolucionar en Materia. La velocidad en que ocurra depende de nuestro estado de conciencia y es la manera en que percibimos subjetivamente el tiempo a través de las emociones, menos emociones menor tiempo mental y mejor estado de consciencia. Según sea el nivel de vibración de nuestra consciencia será la realidad que cree nuestro proyector llamado cerebro.

Más voluntad mayor creatividad, más materia creada o recreada. Sin embargo, es un proceso individual, "no significa egoísta", pero ni siquiera el SER inicial contó con ayuda para su majestuosa creación de los mundos. Tampoco tú cuentas con ayuda porque solo tú puedes crear tu propio mundo, voluntaria y conscientemente.

A ese proceso de intertransformación es en <u>realidad</u> al que deberíamos llamar vida y no a las situaciones que refleja nuestra existencia cotidiana. La primera pulsa y se "siente" dentro de nosotros. La segunda son imágenes cambiantes y pasajeras, haciéndonos víctimas de nuestra <u>limitada</u> <u>percepción</u> sensorial, <u>fragmentada</u> entre ambos hemisferios cerebrales y sus diferentes interpretaciones de una o varias realidades proyectadas.

Cada átomo, cada forma en el universo posee una función, aunque no toda función posee una estructura, por ejemplo, el Amor.

¿El hombre habrá venido en función creadora o destructiva? Estamos hecho a imagen y semejanza de su creador pero poseemos libre albedrío y podemos elegir.

Einstein era judío, sin embargo, el conocimiento no discrimina razas ni credos, es universal y nos pertenece a todos.

No podría un islamita decir: Lo que no fuera dicho por el profeta Mahoma entonces no es cierto. El legado debe quedar claro, la verdad no se discute, se demuestra. Al menos la verdad científica se verifica, no se acepta por predestinación.

Existe esta otra <u>verdad</u> que solo la conoce el alma, una verdad que se atesora velada para los cinco centinelas sensoriales. Esta es individual y solo se conoce cuando se <u>experimenta</u>, esa verdad se siente en lo profundo del ser, nos da certeza y se denomina "FE", ella nos concede <u>confianza</u> y paz también. Puedes acotar que esta palabra es tan grande como <u>humilde</u>, cuando la fe no provenga de alguien humilde debes dudar de su veracidad.

¿Sabías que la duda constituye el despertar de cualquier método de la investigación científica y que también quien introdujo el dedo en la herida de Jesús nos indicó que la verdad debía ser como mínimo comprobada?Te invito a que dudes de todo cuanto lees aquí, investiga, practica la duda en pos de hallar tu propia verdad, de esto hablaba "Buda" en sus enseñanzas.

José Ortega y Gacet (Filosofo) dijo: Siempre que enseñes enseña a la vez a dudar de lo que enseñas.

¿Tienes ya algún indicio acerca de dónde encontrarte a ti mismo? Quizás lo logres si abandonas la búsqueda, podría estar tan cerca, posiblemente dentro. Mantente detenido por tres minutos dos o tres veces al día y obsérvate, te sorprenderás de cierta desorientación rutinaria. ¿Hacia dónde diriges tus esfuerzos y con qué propósito? Andamos la mayor parte del tiempo en piloto automático, como zombis guiados solo por el hemisferio cerebral izquierdo.

Los objetivos siempre se trazan por un tiempo determinado, como pautas para lograr una meta, las metas son expectativas individuales o de grupos que también viajan en el tiempo con límites de fechas dentro del mismo.

Sin embargo, los propósitos siempre involucraran a indefinidas y grandes cantidades de personas sin tiempos, aunque prevalezcan individualidades. Por ejemplo, las asignaturas de una carrera son objetivos a vencer y la meta es culminar con un título universitario. Por otro lado, el propósito seria servir a muchos con tu profesión, aunque además con ella logres beneficios económicos. Cuando en tu horizonte descubres el propósito, todas tus metas se facilitan como consecuencia de un enfoque superior y una atención más específica. El propósito no se define en el tiempo porque lo trasciende, aunque varíes en tu manera de servir al resto, tu carácter único lo hará algo especial y memorable.

¿Te has preguntado por qué si la luz del sol se logra reflejar en todos los planetas solo en este es tan diversa su gama de colores?

Así de diversa es la opinión y las "verdades" en nuestro pequeño mundo terrestre.

Por tanto, hablemos de nosotros como referencia. El "centro" es el más transcendental de los puntos cardinales porque nos hace a todos "diferentes" ante otras miradas, esto nos hace únicos. También debemos y podemos ser "deferentes" al respecto. ¿Constituirá otra coincidencia el parecido de estas dos palabras y la importancia de que sepamos complementarlas?

Deferencia: Adhesión al dictamen o proceder ajeno, por respeto o adecuada moderación. Muestra de respeto o de cortesía. Conducta condescendiente.

¡Podrían terminarse las guerras y todo tipo de discordia! ¿no crees?

Para ubicar el norte primero radico el centro. Una vez más el centro es lo primero, nuestro centro o interior lo determina todo, nos hace irreemplazables, comprueba esto y comprenderás tu papel aquí.

Más allá del centro físico, en lo profundo se encuentra todo sereno, en paz, como ocurre en el mar cuando hay tormenta, los peces de lo profundo la miran desde la distancia, pero no se alarman por ella. Los peces de la superficie y otros animales marinos pueden sucumbir ante la misma.

Nadie podría ocupar tu lugar y si lo logra, es porque ya estarás en otro y así será una y otra vez por siempre. Esto te hace insustituible, no tiene mucho sentido compararse, incluso competir muestra solo una arista de nuestras habilidades, en otra podríamos superar al vencedor.

Se encuentra a tu merced la decisión de dudar de toda coincidencia, ese es tu libre albedrío.

¿Adviertes el mensaje al poder leer las palabras en los subrayados?

Una pregunta frecuente entre los Neófitos es:

¿Por qué si el átomo constituye a la materia y está en su casi totalidad vacío, percibimos la materia tan sólida?

Es nuestra percepción sensorial la que proyecta esa realidad luego de recibir las diferentes vibraciones que nos rodean. El núcleo de cada átomo contiene la carga eléctrica positiva y su aparente superficie, a donde alcanzan la siluetas de los electrones es de polaridad negativa. Al interactuar ambos bordes negativas de dos grupos de indeterminado número de átomos, se repelen con una fuerza superior incluso a la de la gravedad. Eso es lo que te impide atravesar una pared, aunque en realidad esté vacía, no chocas, literalmente rebotas. Te fracturas los dedos al golpear la pared porque ese rebote es más rápido que tu capacidad de recoger la mano en el impacto. Un karateca que rompe un ladrillo entrena su velocidad de reacción y también modifica su mentalidad, se hace consciente de ese vacío.

La ciencia busca indicios de reflexión en la religión, mientras la religión podría encontrar reflexión y pruebas de sus sospechas a través de la ciencia.

"La religión encuentra pruebas de su verdad detrás de cada puerta que logra abrir la ciencia". Albert Einstein.

Capítulo 2: "Libre albedrío"

"Las personas autorrealizadas tienen que ser lo que pueden ser".
Abraham Maslow, psicólogo humanista estadounidense.

No es este un libro para debate teológico o filosófico, tampoco va dedicado específicamente a la Física elemental o a la siempre "moderna" mecánica cuántica surgida en los años treinta.

Más bien posee la <u>intención</u> de facilitar mayor <u>comprensión</u> para el hombre corriente que busca superar sus límites. Intentemos llevar a casa los indicios y motivar una <u>práctica</u> consciente para lograr el máximo de bienestar sabiendo que no será obtenido predestinadamente, que no existe lo casual sino lo causal provocado por nuestros cambios de conducta. No esperes resultados diferentes en tu vida manteniendo tu rutina habitual.

Estar al corriente de la VIDA significa: transformación y esfuerzo constante sin que se interprete cual sufrimiento o exceso de responsabilidad, más bien se trata únicamente del crecimiento personal y espiritual al margen de que los sucesos sean emotivos o no. Esto se expresa en ser afortunado a través del propio equilibrio entre la existencia y tus propósitos, elegir La Pasión por sobre cualquier Emoción, porque estas son siempre temporales. La emoción reacciona a estímulos externos que modifican o condicionan conductas, relacionadas generalmente a partir de un aprendizaje en el pasado propio o heredado por vías diferentes incluyendo la Epigenética que actualmente redescubrimos. La Pasión es de procedencia interna, que te impulsa a crear condiciones externas para verter tu propia Inspiración.

La Emoción pertenece a tu sistema límbico que estimula la secreción de la mayoría de las hormonas corporales para poner en marcha acciones que las compensen, como la adrenalina, la testosterona y otras. La pasión pertenece más a la neo corteza y hace que se segregan hormonas que en cantidad parecen escasas pero capaces de modificar nuestro estado de conciencia de manera trascendental, como las endorfinas y otras secreciones de la glándula pineal como Melatonina y DMT(dimetiltriptamina). Esta última puede hacer que logres percibir muy diferente tu mundo supuestamente sólido.

Tu tarea más trascendental no acierta en crear una cultura de los conocimientos sino otra de sentimientos profundos. Aunque los sentimientos son a lo sumo emociones adornadas por la razón contienen mucho de tu individualidad, de tu experiencia de vida. Conociendo como se manifiestan tus emociones podrás conocerte mejor y percibirás a los demás como un reflejo de ellas.

Todo el sufrimiento cesará cuando la humanidad marche con un mismo <u>SENTIR</u>, el sentir profundo de la <u>Verdad</u>. ¿De cuál Verdad hablamos?

La Verdad la dicta la conciencia susurrando desde un aparente silencio y nos corresponde hallarla en medio de la confusión y el murmullo incesante de nuestro intelecto lógico. ¿Quién no es víctima de ese parloteo constante del Intelecto? Él toma un recuerdo del pasado y lo modifica para proyectarlo hacia el futuro, también tararea una canción en nuestro campo de consciencia como disco rayado violentando nuestra propia voluntad en contra, porque no la ejercitamos.

Filipenses 2: 1 Así, pues, os conjuro en virtud de toda exhortación en Cristo, de toda persuasión de Amor, de toda comunión en el Espíritu, de toda entrañable compasión, 2 que colméis mi alegría, siendo todos del mismo <u>SENTIR</u>, con un mismo <u>Amor</u>, un mismo espíritu, unos mismos sentimientos.

3 Nada hagáis por rivalidad, ni por vanagloria, sino con humildad, considerando cada cual a los demás como superiores a sí mismo…

2 de CORINTIOS:13:11 Por lo demás, hermanos, tened gozo, perfeccionaos, consolaos, sed de un mismo sentir, y vivid en paz; y el Dios de Paz y Amor estará con vosotros.

Encontremos pues la afinidad dentro de la diversidad.

Analiza esta palabra: "NAMASTE" encuentra su significado. Se trata de una muestra superlativa de humildad, empatía y reverencia a lo más sagrado que habita dentro de todos los seres.

No te identifiques con su procedencia, compleméntate con las similitudes compatibles contigo. Lograr ser Ecléctico es una ventaja asombrosa para comprender tu existencia.

Busca las raíces del Eclecticismo, puede serte muy útil.

Es una suerte de acumulación de conocimientos afines para lograr una filosofía personal que se renueva mediante tus propias experiencias y que no pertenece a nadie en particular.

Los cinco principales sentidos son tus intermediarios para acceder a nuestra realidad, ellos nos dan el entendimiento. Es por eso que se nos dificulta alcanzar lo que no entendemos. Sería como buscar a ciegas en medio de la oscuridad algo que aún no sabes qué forma posee y además intentar llevarlo a casa. Por eso te invito a permanecer en este recorrido a tu manera, reteniendo lo más personal y útil que sea posible para ti.

Einstein dijo: Habrás entendido bien algo, cuando seas capaz de explicárselo a tus abuelos…

No se puede <u>evitar</u> que el conocimiento con el de cursar del tiempo logre tomar carácter de "Verdad". Las <u>verdades</u> de hoy pueden ser vistas como irreverentes ante las que fueron aceptadas anteriormente y/u ocasionalmente <u>impuestas</u> desde posiciones de poder.

Retomemos nuestra senda:

Hablo de cinco sentidos principales porque el ser humano está dotado además de la conciencia. Esta cualidad le permite incluso experimentarse a sí mismo y también a sus pensamientos. No sabe el perro exactamente qué es, ni el gato que lo es, solo el hombre se reconoce y se sabe participe de su realidad proyectándola usualmente en tres tiempos, dos de ellos ilusorios, pasado y futuro.

¡Un ave intenta pelear con su imagen en el espejo! Ningún hombre totalmente cuerdo se lanzaría a un lago buscando el reflejo de la luna.

No sabría el pez explicar cómo es el agua, aunque pudiera hablar. El hombre común puede explicarlo toda una vez que lo entiende, pero antes debe percibirlo racionalmente a través de sus sentidos y al ser estos tan lentos y limitados nos ponen en desventaja.

Sin embargo, el hombre puede experimentar además ciertas cosas que no puede explicar con exactitud, por ejemplo, el dolor, en alguna de sus manifestaciones. ¿Cómo explicamos el dolor por la pérdida de un ser querido?

También sentimos dos tipos de amor diferentes que el resto de los seres vivos ni tan siquiera conocen porque este se experimenta a través de la conciencia, lo que no quiere decir que no vivan dentro de uno de ellos porque la existencia misma es AMOR incondicional.

Por otro lado, están libres del sufrimiento que nos trae consigo el apego del amor filiar.

Hay amor en llevar flores a un sepulcro sin que se espere nada a cambio, al menos algo perceptible. Pero puedes recibir el beneficio de la paz que te devuelve este acto si estás suficientemente atento, lo que es igual a estar totalmente presente y no inmerso en los recuerdos o imaginando el futuro.

Igual ocurre con las cuestiones divinas.

Por cierto, ¿Estás consciente=atento <u>ahora</u> mismo? Puedes hacer un recorrido interior por todo tu cuerpo a través de tu conciencia mientras estás leyendo. ¡Eso es algo fascinante! ¿Quién lee mientras recorres tu cuerpo con una mirada interior? ¿Quién mira y recorre por dentro mientras esa, tu otra mirada está dirigida a esta lectura? Te devuelve la <u>presencia</u> de tu propia existencia, ¡eso es lo que eres en verdad y no lo haces a través de tus sentidos! Es tu mera presencia experimentándose a sí misma a través del cuerpo, el cuerpo es una puerta hacia el interior. Si no encuentras esa puerta observa tu respiración, ese siempre ha sido tu esfuerzo indetenible y es también la ventana entre tu voluntad consciente y tu voluntad inconsciente.

La mente entiende desde la cabeza supuestamente y la conciencia en cambio comprende y suelen decir que desde el corazón. La comprensión incluye una interpretación no lógica de los sucesos. Comprender a los hijos es una tarea diferente a intentar entenderlos, porque incluye el néctar de la aceptación, ocurre si eres suficientemente humano y no tan solo un ser racional-social.

Ha sido probado de muchas maneras las limitaciones de nuestros sentidos.

En cambio, muchos testifican que la <u>conciencia</u> es tan infinita como el <u>universo</u>.

¿Serán Consciencia y Universo dos equivalentes extraviados a una misma vez en nuestro <u>interior</u>?

No cabe duda de que para crear algo debes poseer además de la voluntad de forjarlo, la intención de lograrlo y la capacidad de accionar un método adecuado, además de ostentar también la libertad para lograr organizarlo.

No podría el mamífero acuático más inteligente comerse una tina de lechugas de tu huerto, pues ese espacio no le corresponde. Tampoco podría el Búfalo alimentarse de algas del fondo marino, ese espacio no le concierne y no lo puede elegir.

Lo curioso es que, a pesar de nuestras limitaciones, el hombre accede a todos los espacios y cada vez logra más de ellos.

¿Tendría acaso espacio suficiente el creador para diseñar su magistral obra? Para su creación posee el infinito. ¿Y el nosotros? Poseemos la consciencia también infinita.

En el campo de la "conciencia" se siembra la semilla de la "imaginación". La cosecha será el fruto de tu voluntad y no una obra del azar, ¡acepta tu responsabilidad!

Nuestro universo no pudo haber sido hecho al azar, puesto que devino en perfecto.

"Dios no juega a los dados". Decía Einstein.

No podemos saber exactamente cuál será el resultado de nuestras acciones, pero sí conocer las probabilidades que de ellas podrían derivarse.

Cuando tengas que decidir alguna acción que te crea conflicto para una mejor elección, has lo siguiente. <u>Deduce</u> la mayor variedad de posibles <u>Consecuencias</u> de cada uno de tus actos y <u>Decide</u> si entre ellas se encuentran tus <u>Propósitos</u> verdaderos. Si no hay ningún resultado que te agrade, puedes elegir no llevarlo a cabo. También para negarse a ciertas compulsiones necesita de una gran voluntad. Tu voluntad se ejercita cuando te haces consciente al elegir y pasamos toda la vida eligiendo constantemente, ah, pero de manera automática guiados por conocimientos que no concuerdan en fecha, lugar ni posibles resultados.

De que seamos o no imagen semejante a la de Dios no debatiremos pues carecemos de argumentos o evidencias suficientes sobre él y se convertiría en porfía infinita. Pero existe una aproximación ineludible entre el creador y el hombre. Crear nuestro bello universo fue una decisión que tomó esfuerzo y ese esfuerzo aún continúa. Se calcula el inmenso equivalente de aquellos días de creación, entendamos a su vez que solo en la mente humana existe y se cuantifica el tiempo, por tanto ese cálculo es ascendente e indeterminado porque no se ha detenido aún.

Solo una decisión quedó perenne desde el inicio en todo lo creado, ¡Crear o no crear! No deberíamos creer que la tarea de multiplicarnos como especie fuera la única creativa que nos quedó para llevar a cabo. El <u>Amor</u> crea, pero también <u>Transforma</u>.

Génesis 1.28 Dios los bendijo y les dijo: "Sean fecundos y multiplíquense. Llenen la tierra y sométanla. Ejerzan dominio sobre los peces del mar, sobre las aves del cielo y sobre todo ser viviente que se mueve sobre la tierra." Nueva biblia Latinoamericana.

Debemos de dominar con nuestro estado de conciencia superior por ser más cercano al creador, más bien que con la fuerza y la destrucción de otras especies.

La creatividad no es repetitiva ni imita porque es espontanea, proviene de una porción ilógica y sorprendente. Observa un submarino comparándolo con un cohete espacial. También fascínate descifrando a La Mona Lisa sin escuchar criterios de los expertos, esa es tu propia creatividad desarrollándose con libre albedrío, encontrando tu sendero angosto y único.

Mateo 7.14 "Pero estrecha es la puerta y angosta la senda que lleva a la vida, y pocos son los que la hallan. Nueva biblia Latinoamericana.

El hombre posee la libertar de decidir en última instancia si lleva o no a cabo su propósito existencial, su designio creativo depende de su propia voluntad a la vez que desarrolla su voluntad en el propio proceso creativo. Las personas inmersas en su proceso creativo no se agotan y el tiempo del reloj transcurre desapercibido.

Tú puedes encontrar lo que te corresponde crear buscando entre tus talentos y vocación. Inicialmente no podrías dedicar toda tu jornada a lo que más te apasiona, pero podrías sorprenderte un día viviendo de hacer lo que te gusta. Es un riesgo que siempre vale la pena correr si te guías por tu intuición más que por lo que te impone el medio que te rodea, hay algo esperando dentro de ti que se le parece a la magia. Cuando tu magia despierta creas ese mundo que ha estado aguardando por ti. Podrías imaginarlo mientras lees este libro, luego explicárselo a tus nietos podría llevarte varios minutos, aunque lograrlo pueda consumirte toda la vida te permitirá hallar un sentido para la misma.

Recuerda que la creatividad comienza por tu imaginación y se fragua dirigiendo toda tu atención sobre ella. Permanecemos demasiado tiempo dispersos. ¿Tienes tu Smartphone cerca? Él es una muestra de ello, dale utilidad, no permitas ser manipulado por un dispositivo inteligente, porque tú eres además de inteligente, consciente.

No olvides ninguna de estas palabras: sentir, fe, amor, libertad, creatividad y obra.

Revísalas a través de este libro antes de continuar, encontrarás otras dos que lograrían simplificarlas todas: Voluntad y Propósito.

Quedando solo estas dos últimas podrás enfocar mejor tu atención y evaluar así tu posible elección.

Es esa libertad resultante de tu constante atención-elección la que, influyendo sobre tu voluntad y propósito, se convierte en verdadero libre albedrío. Leyendo las palabras subrayadas nuevamente con detención podrías recrear tu comprensión.

"Nuestra vida es el resultado de nuestras elecciones", una frase trillada, pero que requiere una enmienda. Es el resultado de nuestras elecciones <u>Voluntarias-Conscientes</u>, no automáticas, aleatorias o casuales y coincidentes con las de otros, que nos lleven a dar vueltas sobre lo mismo durante la mayor parte de nuestras vidas. Detente y cuestiónate cada día hacia dónde diriges tu vida apartando los logros materiales, si no lo sabes, entonces estás aun viajando por órbitas inconscientes, en fin, una vida en círculos donde solo cambia esporádicamente el paisaje.

La creatividad del ser humano ha alcanzado arquetipos asombrosos y diversos. Bastaría con lograr elegir tan solo una manera creativa de manifestarnos por cada uno de nosotros y el mundo se convertiría en una absoluta maravilla.

¿Por qué dejar todo el infinito de logros tan solo a un pequeño porcentaje de nuestros congéneres?

El ser humano posee la libertad de elegir incluso desde una posición de silencio y aparente inactividad, es posible debido a nuestro estado de plena conciencia, observando los pensamientos podemos evaluarlos e incluso revolucionarlos.

Al hombre le fue proporcionada la responsabilidad de portar el Don de la creación y esta le implanta la necesidad de conocer su auténtico designio. ¿Qué has venido a hacer? Auténtico digo porque existen otros falsos inducidos por la sociedad. Estos otros oscilan entre el deseo y la motivación cuantitativa de alcanzar más en cantidad y se caracterizan por la imitación de otras conductas, tal como si fuéramos clones. Pero la suma del deseo y la motivación no resulta en Amor porque este último se diferencia por su carácter cualitativo. El Amor verdadero es Sinérgico, cuando se une a algún otro aspecto de nuestras vidas, cambia toda perspectiva acostumbrada. Atrévete a enamorarte de la Vida que es la esencia detrás de los objetos y ella a cambio te creará cuanto objeto logres imaginar. Si no lo crees no lo crearás, pregúntale a un artista de cualquier estilo porque así funciona para todo. Fuimos creados por un artista y lo somos también.

¡Sospecha interesante!

"No podrías estar normalmente insertado a una sociedad que está profundamente enferma" J. Krisnamurti.

Él se refería al intelecto insaciable que ya se ha tornado desde hace mucho en posesivo y compulsivo, lo que es a nuestro pesar muy patológico.

Pensar es una herramienta maravillosa, dejar de pensar y volver a ser como niños es una habilidad extraordinaria mucho más natural, es permanecer simplemente conscientes, aunque ya no ingenuos pudiendo elegir.

"…si no os volvéis y os hacéis como niños, no entraréis en el reino de los cielos. "Así que, cualquiera que se humille como este niño, ése es el mayor en el reino de los cielos" Mateo 18:3-4. Iglesia de Jesús Cristo.

Cuando te enfermas todos los procesos de tu organismo se ponen en función de tu sanación, de calmar el malestar hasta restablecer el equilibrio. Cada uno de estos procesos poseen velocidades millones de veces más rápidas que el propio pensamiento y son totalmente fisiológicos, naturales.

¿Te has cuestionado por qué entonces es tan molesto pensar mientras estás muy enfermo? Rememora algo tan simple como una jaqueca, durante ella desearías dejar de pensar, incluso que nadie te hable. Cada pensamiento duele literalmente durante la llamada enfermedad, tal vez no sea tan fisiológico e inherente a nuestra naturaleza, sino una herramienta que se ha ido adueñando de nosotros para incluso hacernos pensar que somos ella misma.

Interesante: pensar nos hace creer que pensar somos nosotros. Este círculo interminable beneficia a nuestro huésped el intelecto. A ese huésped farsante cuando nos suplanta se le denomina EGO y es el causante de nuestra separación de nuestro estado natural de unidad con lo creado y la creación.

La voluntad puede ser válida tanto para lograr un propósito como para evitar y resistirse a aquellos falsos que nuestro ser racional, nuestro EGO, nos impone. Estos falsos propósitos se encuentran sembrados en nuestro sendero para considerarlos y precisarnos a elegir mejor, corriendo el riesgo de equivocarnos al favorecer algo desde la razón y olvidando hacerlo desde el corazón.

Desde este punto de vista el EGO nos ayuda a encontrar nuestro camino angosto de la VERDAD que nos señalara Jesús, eso si no logra confundirnos como ocurre con la cizaña dentro del sembrado de trigo.

Fíjate bien, la semilla de la cizaña también nos puede dar harina, pero es venenosa. ¿lo sabías?

¿Has leído la parábola de la cizaña? Estoy en el deber de recomendártela y persuadirte sobre un detalle no evidente en ella.

En esta parábola el padre pide a los hijos que esperen a que las plantas de trigo y cizaña crezcan para poder diferenciarlas, les está pidiendo "cultivar" además de las plantas, también la Paciencia. ¿Ya sabes qué es la paciencia?

La Paciencia es la Voluntad de esperar, una de las más importantes manifestaciones de la misma. Sin embargo, se puede decir que la verdadera paciencia surge del aceptar el momento presente y los sucesos sin esperar ningún resultado especifico, simplemente involucrarse en el proceso vida sin tantas expectativas. Añadimos, una vez realizado lo elegido, preocuparnos nos arrebata la atención sobre nuestro momento presente para causarnos angustias al dar por cierto al futuro desconocido, ese tiempo que solo transcurre mentalmente.

¿Es correcto utilizar un reloj? Sí, para programar mejor nuestro futuro inmediato, no para intentar quedarnos a vivir en el futuro.

En realidad, el resultado de cualquier proyecto depende de variados factores independientes aunque relacionados de manera transitoria. Intentar controlarlos todos crea ansiedad y la ansiedad es la base de una pandemia de neurosis a nivel mundial. Las neurosis nos convierten en seres compulsivos y entonces sí comenzaremos a actuar manipulados por las emociones sin el dominio suficiente sobre nuestro comportamiento.

"Paz"-Ciencia, ciencia de la paz. Solo si esperas en paz, sin expectativas lo harás sin sufrimiento, el resultado vendrá igualmente y no estar involucrados en demasía nos permite afrontarlo con mayor eficacia. Podemos actuar con todo el entusiasmo necesario sin involucrar demasiadas expectativas, ellas pertenecen al futuro y sabemos que ese no existe, mientras que el proceso de imaginar realízalo siempre en presente ya logrado, es una fuerza creativa de inmenso valor.

Resistirse a la tentación de actuar a la ligera o de prisa, es una de las más difíciles tareas del hombre moderno. Las "bajas pasiones" han convertido al humano en un ser compulsivo. Esperando encontrar la felicidad detrás de cada suceso nos lleva a intentar vivir en la apariencia del proceso Vida.

Tal como es el mar de agitado en la superficie donde cada ola compite por atrapar a la otra y ambas terminan desapareciendo es nuestro pensamiento. Apreciar cada proceso desde la quietud natural de lo profundo de nuestro ser es como sumergirse y hallar el encanto de los colores y diversidad naturales en el lecho marino, una asombrosa maravilla. Todos estamos pidiendo a gritos la necesidad de paz, pero no puedes esperar que se detenga la superficie del mar de los pensamientos que nos mantiene en constante lucha y enfrentamientos. Sumérgete en tu interior y notarás cuantos han esperado por ti en lo profundo de un silencio donde un solo lenguaje lo simplifica todo, El Amor, la conciencia creadora. No por eso dejarás de vivir y disfrutar de este plano, por el contrario, lo recibirás cada instante como un regalo suficiente para neutralizar tu ansiedad.

La aparente conveniencia suele ser la cizaña, simulando ser nuestro atajo apresurado cuando intentamos lograr ventajas sobre otros y no sobre nuestras propias deficiencias.

Mientras localizamos la paja en el ojo ajeno puede crecer un campo de cizaña en nuestra retina.

No en balde los más grandes maestros espirituales nos dejaron ese legado muestra de poderosa voluntad, de resistir a la tentación.

Jesús: "Perdónalos señor, no saben lo que hacen".
En realidad, se refería a todos nosotros y no solo a quienes lo atormentaban en la cruz. Él pudo haber evitado sus males, sin embargo, mantuvo su confianza y seguridad inexplicables, eligió la FE.

La sociedad más cercana a la perfección será la que más próxima se encuentre de proporcionar al ser humano las condiciones para su autorrealización, o sea, el logro de su propósito existencial. La que estimule al máximo su creatividad individual y permita realizar su libre albedrío; no ser solo el hombre y sus circunstancias.
"Elegir por su libre voluntad o por su libre voluntad decidir no elegir"

El filósofo del siglo XX, Jean Paul Sartre (1905-1980) subrayó substancialmente caracterizando la libertad del ser humano de manera muy expresiva:
El ser humano está "condenado a ser libre".

Nada puede limitar tu libertad de elegir. Aunque te inmovilicen la de actuar, solo lograrán fomentar tu esfuerzo y como consecuencia acrecentar tu voluntad. Sobre todo, la que se desarrolla en tu interior donde yace todo el poder del mundo y probablemente tu verdadero mundo en potencia para ser creado.

"El primer paso para lograr libertad es desearla", aseveró otro filósofo contemporáneo, Etienne de la Boétie.

Para Arthur Schopenhauer, también Filosofo, la voluntad constituye la esencia primera del ser humano.

El resto conforman sus representaciones, producto de sus elecciones conscientes, lo que se revela en ser: "Tus decisiones"

Basado en estos particulares comentarios podemos acotar:
La voluntad es la razón primera de nuestro accionar, incluso instintivo, aunque éste último sea diferente por su origen porque el instinto surge del cuerpo y la motivación surge de la razón o intelecto, mientras tu voluntad germina de tu esencia consciente donde nace la intuición.

El libre albedrío es relativo a nuestro conocimiento y su articulación inteligente. Lo que nos deja lugar a que el albedrío aparece a la luz del intelecto (EGO), del desarrollo del hombre en sociedad.

El conocimiento de causas permite una mejor y más productiva elección. Localiza siempre tus causas y evita guiarte por la visión desde un ángulo ajeno porque cada mirada crea un mundo diferente.

Esto nos lo explica la teoría del observador donde, desde un lado un número parece ser un seis y desde el opuesto se asemeja a un nueve. Te sugiero investigues la teoría de la doble rendija y te sorprenderá cuán importante es a niveles profundos la manera en que observas el mundo afuera y la influencia de tus creencias de toda índole sobre el resultado.

Lo que creemos es nuestro universo es al unísono un cúmulo de partículas y ante otra mirada un conjunto de ondas, pero no lo uno o lo otro sino ambos a la vez. Todo ahí afuera es energía moldeada por la información que le brindas cuando te diriges a ella.

Las sociedades mejor educadas tienen por tendencia ejercer mejor su voluntad individual y de conjunto. A diferencia, la Educación de Doctrinas, sabiendo que una educación donde participan los sentimientos individuales puede lograr convertirlos en colectivos a través de símbolos, crea un truco que algunos políticos que se pinten de izquierda o derecha terminen intentando permanecer en un poder populista. Esa realidad podemos evitarla permaneciendo atentos para conservar nuestra voluntad genuina. No podemos ser masa homogénea porque todos creamos realidades diferentes y ser masa nos arrebata el camino hacia la autorrealización.

Mientras lees este libro puedes comprender los pasos para facilitar tu posible toma de decisiones, disfrútalo. También recuerda, aún antes de que se creara el lenguaje articulado por palabras, naciera el intelecto y el razonamiento, mucho antes de todo esto ya la naturaleza y luego el hombre ejercían su voluntad sobre la realidad circundante.

¿Es la naturaleza consciente? El creador y lo creado son una misma cosa, nos convierte en un todo único consciente. Solo ser autoconscientes nos otorga un sello único universal, mientras no desciframos si estamos totalmente solos en este maravilloso e inmenso universo.

Escuchar a los gobiernos hablar sobre la presencia comprobable de Ovnis da un vuelco a demasiadas creencias acumuladas durante milenios, no solo las religiosas.

"La voluntad dio a LUZ el verbo"
Del sol recibimos luz y calor, dos formas de energía imprescindibles para la vida en nuestro planeta consciente.

También tus palabras y tus pensamientos en forma de palabras están participando en la creación de nuestra realidad, algunos sabios universales han aseverado que es así.

Interesantes estudios lo demuestran ¿Has leído los trabajos del señor Maseru Emoto con las moléculas de agua? Tu cuerpo es aproximadamente 90% agua y esta se impregna de la información que capta a través de palabras y pensamientos, ambos son muestra de nuestras vibraciones externas e internas respectivamente, sobre todo, se impregna de tu sentir profundo a nivel consciente. Respondiendo a la información, la molécula de agua se transforma sustancialmente. Este científico muestra asombrosas imágenes y sus deformaciones al respecto.

<u>Atento</u>: Debes entonces hacerte consciente de esto y <u>elegir</u> mejor tu <u>vocabulario</u>, incluso el de tus <u>pensamientos</u>, <u>porque</u> el verbo es uno con Dios, con la creación continua que nos <u>involucra</u> a todos. No podrás <u>crear</u> ni elegir bien si no estás consciente de lo que dices, piensas y sientes durante ese proceso.

La inconsciencia te aleja de tu ser interior donde se encuentra tu verdad, es como un velo que lo rodea y tú puedes correrlo.

¿La Verdad sobre la que tanto se debate será sinónimo de Dios? ¿Dios será sinónimo de conciencia?... ¡Potencia tu atención-elección! Esa es la clave para hallar la respuesta.

Capítulo 3: "La atención-elección"

"La imaginación lo es todo, es la vista preliminar de las próximas atracciones de la vida", nos decía Albert Einstein.

¿Por qué citar tanto a Einstein si otros han superado ya sus obstáculos y limitaciones?

¡Porque fue este científico quien abrió la "caja de Pandora"! y lo hizo en un momento crucial para toda la humanidad, dio paso a una nueva era que aún no finaliza de superarse a sí misma. Todo el beneficio o el maleficio de sus descubrimientos fueron experimentados en una misma época, dando lugar a una profunda reflexión de toda la comunidad científica y cívica internacional. Hoy nos servimos todos de ese mundo invisible mucho más de lo que lo comprendemos, aunque debería ser a la inversa para evitar mayores desastres.

El motivo por el cual se aborda la Atención en un capitulo en especial radica en su extraordinaria importancia, porque tus experiencias son necesariamente el resultado de a qué dedicas mayor atención y durante cuánto tiempo lo haces. Esta Atención potenciada va a definir mejores elecciones. En cuanto más comprendas su funcionamiento mejor lo llevarás a la práctica. Cuando ya has reconocido el valor de tu Intención como vehículo para lograr movilizar tu voluntad y alcanzar tu propósito, la Atención queda en el centro de todos ellos dándole realce a una cualidad exclusiva de la misma, a donde diriges tu atención va toda tu energía vital creadora.

Nuestra Voluntad se perfecciona a través de la intención y esta intención precisa de nuestra ATENCIÓN sostenida, con la intensión (rigor, curiosidad) requerida. De nuevo rastros de coincidencias etimológicas con diminutas diferencias, el gran poder de la palabra, en este caso de la palabra escrita.

Si entendemos que la voluntad cuando NO se traduce aún en una acción concreta, puede ser designada como "voluntad ejecutiva mental", entonces no es más que un deseo en tu mente constituyendo el terreno fértil para tu "imaginación creativa". De manera general no nos lleva siempre a una ejecución de la misma, por suerte es así porque también pueden ser muy creativos los seres despiadados con un raciocinio muy agudo. El razonamiento puede ser cruel y audaz cuando permanece ajeno a nuestra conciencia, la historia da fe de ello a través de algunos líderes mundialmente recordados por su ausencia total de piedad. Hombres como Hitler, Mussolini y Stalin avergüenzan el rastro ético de nuestra especie.

Nuestra Atención es un aspecto de nuestra voluntad creativa que necesita especial atención y comprensión valga la redundancia. Atención es sinónimo de: solicitud, aplicación, esmero, concentración, vigilancia, indaga algunos más y te admirarás de cuánta jerarquía posee.

La Atención ha sido dividida para su correcto juicio en: atención activa y atención pasiva. ¿Cómo funcionan a nivel práctico?

La atención activa posee un carácter direccional. Esta permite que puedas mantener tus sentidos enfocados, por ejemplo, en la lectura de este libro.

Sin embargo, la atención pasiva es considerada más abarcadora. Permite intercambiar los focos de interés constantemente, pues está dotada de la cualidad de percibir en un segundo plano todo lo que ocurre en la periferia de nuestro foco de atención principal.

Por ejemplo, cualquier sonido que nos distraiga repentinamente mientras realizamos esta misma lectura. Puede incluso este nuevo foco de atención sustraer, además del sentido auditivo, al resto de los sentidos y convertirse en el nuevo centro de tu atención de condición activa. Esto depende en realidad de la potencia con que logres concentrar tu atención una vez que eliges como prioridad en que te enfocarás, incluso si es en el silencio como ocurre durante la meditación. No se trata de hacer desaparecer todas tus distracciones sino de ser consciente de a que prefieres dar prioridad en cada caso.

Recordemos cómo mientras describíamos los posibles eventos iniciales de la creación de nuestro fantástico universo conocido, conocido digo pues no cabe duda de cuanto nos falta aún por descubrir, nos percatamos de la armónica importancia de forjar la voluntad para llevar a cabo cualquier labor por pequeña o colosal que sea.

El carácter expansivo de nuestro universo hace que la voluntad inicial se disemine, se difunda en el inmenso espacio donde se establece la materia-energía. La voluntad pertenece al funcionamiento intrínseco de la energía otorgándole sentido y coordinación, tal como lo hace nuestro estado de conciencia con nuestro sistema inmunológico para crear equilibrio y salud.

Pues bien, para lograr de manera práctica llevar a cabo nuestra voluntad debemos primero enfocarnos, convertirla en intención pura y la cualidad que nos permite este primer paso es nuestra <u>atención-elección</u> o atención activa, este es su potenciador por excelencia. Tu atención activa se encarga de movilizar y concentrar tu energía vital, la atención pasiva la dispersa a manera de compensación. Aunque en nuestra sociedad moderna es común que permanezcamos más tiempo dispersos que atentos y esto ha diezmado nuestro poder natural de crear genuinamente.

Para que lo puedas comprender mejor, visualiza la luz de una bombilla eléctrica y compárala con la luz de una linterna, ¿cuál nos permite descubrir mejor en medio de la oscuridad de un enorme espacio un objeto ya definido?

La luz de la bombilla se disuelve en demasiado espacio, sin embargo, la linterna con menor luz incluso, podría guiarnos por todo ese mismo espacio haciéndola coincidir con nuestra intención principal de lograr nuestro hallazgo.

En definitiva, no puedes enfocar tus cinco sentidos en todo el espacio a la vez porque se disipan desvaneciéndose periódicamente en cortos espacios de tiempo.

Da el primer paso con "FE", no tienes que ver toda la escalera, solo da el primer paso. Martin Luther King (1929-1968)
Para ese primer paso en la escalera es imprescindible tu atención, ¿Le brindaste atención a sus sinónimos? También estar <u>atentos</u> nos evita tropezar y recibir un <u>resultado</u> no <u>deseado</u>, a lo que llamamos desacertadamente accidente, que no es casual sino <u>causal</u>. A causa de tu desatención ocurre lo impredecible en tu vida. Gana en atención y tu vida se volverá un libro abierto para tu propia guía, esa es tu linterna en medio de la inmensidad del universo, "<u>solo enfócate</u>".

Debes tener Presente que también tu Atención divaga hacia otras proyecciones mentales llamadas Futuro y Pasado entre otras y que impiden logros mayores en tu único lugar real, el presente. A este presente también llegas ya un poco tarde por la lentitud de tus órganos sensoriales como ya fue explicado. "Ese Aquí y Ahora" que tanto se tararea NO se trata del ahora del reloj que mide la lentitud de tus sentidos, cuando lo mides ya todo es Pasado. El Aquí y Ahora de Jesús se refiere a una realidad que surge de tu atención constante sobre lo que ocurre dentro y fuera de ti a un mismo tiempo como un proceso continuo único de tu despertar, incluso aunque no te percates está ocurriendo. Que escuche quien no solo tenga oídos, estemos atentos al Silencio de donde surge constantemente el Sonido que lo crea Todo y que solemos llamar Verbo.

Nuestra atención pasiva personifica una eficaz y permanente alerta salvaguarda. Siempre y cuando no tome el mando y nos impida centrarnos para ejercer conscientemente nuestra voluntad electiva.

Sin embargo, por su alto potencial es inevitable que esta si se eleva demasiado, incentive nuestra ansiedad. Cuando toma el mando como lo hace de manera frecuente en nuestra era posmoderna, se convierte en nuestro fantasma del temor a lo inesperado, fluctuando constantemente entre nuestra realidad y las infinitas probabilidades futuras, también inciertas, provenientes muchas de ellas del temor a lo inexplorado. Lo irónico es que generalmente no ocurre cómo lo proyecta nuestro razonamiento lógico, porque solo en la mente funciona la lógica y esto es parte del fracaso de las terapias cognitivas o psicológicas, son interminables. Aunque estas ciencias hayan cumplido importante papel en su momento es hora de dar un giro hacia nuestros estados de conciencia más allá de la vigilia.

Prueba a mantener tu atención en un punto determinado, por ejemplo, un cuadro en la pared. Te alarmarás al percatarte de que no lo sostienes por más que unos segundos antes de aparecer en el campo de tu conciencia imágenes y pensamientos diferentes a tu intención sostenida. Tu atención es asediada por puntos de distracción que se encuentran aparentemente inadvertidos hasta ese momento a tu alrededor o en tu subconsciente. Esto te demuestra lo debilitada que se haya nuestra Atención Elección.

¿Debo que explicarte acaso que la lectura es unos de los pocos medios que logra en su práctica sistemática enfocar tu atención de manera casi total? por consiguiente, las personas que acostumbran a leer son más capaces de _enfocar_ sus _intenciones_ hasta el final de sus propósitos.

Sabrás que la lectura sobredimensiona esta capacidad, solo tienes que observar quienes triunfan mayoritariamente a tu alrededor y podrás comprobarlo y quienes no han sabido leer son muy intensos al escuchar. Te diré aún más sobre la lectura. Ella te obliga a ejercitar continuamente la "Imaginación Creativa", estableciendo así la semilla inicial para crear cualquier realidad. Esto ocurre de manera diferente con los medios audiovisuales donde todo fue ya antepuesto y diseñado sin que pudieras elegir. Estos medios poseen una importancia diferente, deben de ser utilizados para explicar lo que con meras palabras no se logra. Crear un audiovisual para leer un texto o hablar simplemente sobre algo que pueda ser escrito disminuye su efecto creativo, aunque esto no interfiere con el aprendizaje pasivo, pero no logramos acceder a este último voluntariamente, por tanto, sé muy cuidadoso con los mensajes subliminales que llegan de los medios, te manipulan todo el tiempo.¡Salvemos los libros! Ellos nos traen libertad y creatividad incentivando nuevas perspectivas sin perder las nuestras. Podemos elegir en la lectura aquello que sintoniza mejor con nuestro actual crecimiento y dejar al aprendizaje pasivo lo que tal vez en un futuro puedas comprender mejor como una verdad relativa. De nuevo reaparece nuestro Einstein con su teoría de la relatividad que irónicamente parece absoluta al aplicarla.

Nuestro desarrollo actual es el resultado de ese recurso de la mente humana, a través de la "imaginación creativa".

Desde el submarino hasta las naves espaciales utilizadas por los astronautas.

¡Gracias Jules Verne! ¿Podremos imitarlo? ¡Claro que sí!, no importa si a mayor o menor escala porque hasta el más mínimo detalle podría salvar al mundo.

¿Has premeditado continuar leyendo éste pequeño libro? ¿Te interesa ser creativo, hacerte uno con la voluntad y encontrar tu propósito?

Te explicaré algo más: La atención no puede ser separada de la voluntad pues se retroalimentan. La Atención es el asomo voluntario de nuestra Conciencia que es lo que en esencia somos. Nuestra atención electiva depende de nuestra voluntad para sostenerla, pero a su vez intensifica a nuestra voluntad. Una vez inmersos en ese proceso continuo somos capaces de crear cualquier propuesta y ponerla en marcha sin importar cuánto demore el resultado final porque un proyecto te llevará a otro sin darte cuenta y ese proceso es la vida misma.

Sí eliges voluntariamente hacia dónde dirigir tu atención y a su través estimulas y condicionas el surgimiento de nuevas intenciones sobre los diferentes aspectos de tu vida práctica, jamás volverás a recordar la palabra aburrimiento y el cansancio será la señal para detenerte y transitoriamente recrearte, divertirte, saciarte en algún placer, dándole paso entonces a tu Atención Pasiva en compensación, porque la Vida depende siempre del equilibrio.

No podemos separar esta triada:

Voluntad- atención- intención, ellas crean sinergia, la suma de estas resulta en mucho más que las tres acopladas cuando se dirigen hacia tus Propósitos.

Practica tu atención: Enfócate durante cinco minutos continuos en cada uno de los objetivos a lograr y visualízalos creativamente como parte de tu realidad, dale riendas sueltas a tu imaginación. Para ello <u>elige</u> tus pensamientos y sostenlos, mientras lo logras poco a poco estarás incrementando el potencial de la mayor fuerza creadora del universo, <u>La Voluntad</u>, <u>siéntela</u>. Un conjunto de tus objetivos puede dejar entrever el hallazgo de alguna meta posible. El Propósito en cambio surge de tu inspiración, tu intuición, tu servicio a la especie o al universo en su totalidad. No importa si tu Propósito te lleva luego al reconocimiento y/o la riqueza, será tan solo una consecuencia inevitable en la que debes precaver no perder toda tu Atención porque pondría desviar tu proceso creativo. Recuerda que la existencia solo terminará cuando las cuatro leyes del universo pierdan cohesión. No renuncies jamás a tu originalidad hasta el último respiro de voluntad.

No ignorarás ahora que el poder de la Intención consiste en lograr sintonizar la voluntad, siempre creadora, con el objeto o el sujeto de nuestra atención. Es la mediadora, el perfecto agente para llevar a cabo la acción que se manifestará en nuestra realidad, un catalizador relacionado con tus sentimientos o tu intuición. Tu intención forma parte intrínseca de tu imaginación creativa. Para que tu Intención se realice necesita de tu Atención-Elección sobre algo previamente establecido. Muchas de tus intenciones surgen de motivos externos y otras de pura espontaneidad a las cuales le restas valor por parecerte imposibles. Recuerda las locuras de quien soñó con los cohetes y los submarinos, de los que crean cada vez autos casi capaces de andar sin control humano con mayor eficacia. Tu locura puede ser tu mayor cordura, observa a los niños para aprender de su espontaneidad. Tú puedes ser creativo y otro el creador porque el propósito es siempre de especie.

La voluntad puede pasar a piloto automático mediante su práctica continua, al igual que suele ocurrir involuntariamente con la atención que pasa de ser activa a pasiva. Pero la intención se siente, es el aspecto más persuasivo de ésta triada. Cuándo pretendas conocer la Intención de alguien debes prestar suma atención a lo que te hace sentir frente a ti más que a sus palabras, qué es lo que motiva y moviliza a esta persona en verdad.

La intención es siempre perspicaz, pues se relaciona con la motivación. Tus intenciones se dirigen hacia tus motivaciones y estas surgen de aquello a lo que le dedicas mayor atención. ¡Educa tu atención! ¿por qué estás dedicando demasiado espacio mental a lo que atrae malestar hacia ti?

¿Has probado a prestar atención a lo que ocurre con tu cuerpo durante cinco minutos? Es sorprendente, tu cuerpo ha desarrollado todo un lenguaje para comunicarse contigo a través de las sensaciones y no le has prestado atención durante ya demasiado tiempo. Esta desatención favorece la instauración de las llamadas Enfermedades que no son más que señales más aparatosas para llamar tu Atención y tomar Conciencia de tu cuerpo, porque es esta Conciencia la que definitivamente logra sostener nuestro tan sofisticado equilibrio de manera integral.

No tienes que combatir aquellos pensamientos que te contrarían, simplemente elige los que te orientan hacia tus objetivos y permite tranquilamente, sin realizar mucho esfuerzo, que los demás se marchen, lo hacen invariablemente porque no soportan tu falta de atención sobre ellos, el EGO no soporta ser desatendido.

Practica tu enfoque.

Asombrosamente tu mayor esfuerzo consistirá en mantener tu atención sobre lo elegido. No te dejes confundir por el hecho de que la atención parezca algo subjetiva relegándola a un segundo lugar, tu atención es todo lo que tienes para permanecer aquí y ahora, incluso en el tiempo del reloj que constituye tu Vida práctica. Tu energía vital no es el aspecto más subjetivo de tu ser, sin ella tu cuerpo se convierte en un despojo inerte, esa energía es tu vida. Todo lo "objetivo" quedará allí derrumbado cuando esta se marcha. Tu casa, dinero, títulos, familia y hasta tu cuerpo, porque ya no poseen ningún sentido o intención dentro de la creación. Las máquinas y medicamentos pueden hacer funcionar tu cuerpo, pero sin esa atención que emana de tu energía vital no podrás regresar.

Hazte consciente de tus intenciones y ellas te dirán de dónde vienes y hacia dónde pretendes ir, lo demás consiste en elegir o reelegir a que dedicar tu atención.

Te preguntarás por qué resulta tan difícil.

La respuesta está a la vista: se está trabajando globalmente para que así sea, para disminuir tu voluntad. No los culpes, tú puedes elegir.

Cuando sustituyes un libro por el video tu atención activa sede el mando a la pasiva, pues todo allí está interpretado y dirigido fuera de tu realidad, allí tu voluntad no puede recrear nada. Existe una inmensa industria dedicada precisamente a mantenernos entretenidos, justo lo contrario de atentos y es realmente tan diversa la industria del entretenimiento que se encuentra presente en todas las áreas donde coexisten los seres humanos.

Si te fijas bien, tu realidad es un proceso que trascurre dentro de ti y que luego proyectas voluntaria o involuntariamente, de cualquier manera se proyectará y de nuevo puedes elegir cuál de ellas prefieres. Puedes elegir ver la filmografía que se proyecte automáticamente a través del subconsciente colectivo o elegir tu propia creación, es esto lo que nos estamos perdiendo mientras cedemos el control al piloto automático del subconsciente con viejas películas grabadas y consentidas por todos.

En los videos tendrás que aceptar la secuencia impuesta por el creador de dichas escenas. Me refiero a los que miras afuera y también a esta realidad preconcebida que proyectamos sin elegirla, ¡Despierta ya!

Entérate: El 92% de los científicos de toda la historia están vivos ahora mismo, el 85% de los ingenieros de la historia de nuestra humanidad también están vivos en el presente. Todos apuestan por la tecnología moderna. Esa es la tecnología que avanza hacia una realidad virtual envolvente e interactiva. Incluso hará interactuar directamente a la mente humana con las maquinas, creando y dominando nuestro espacio perceptual, lo que es igual a que interactuemos con lo que las maquinas crean, con colores incluso más intensos que los reales, con sensores más intensos, intentando nos enamoremos de esa realidad paralela. Tal vez ya nos ocurrió y no lo recordamos, tal vez ya fue creada perfecta una vez y hemos quedado atrapados en ella. Si quieres conocer esa Verdad última tendrás que dedicarle tiempo a tu interior a donde no puede llegar esta sospechosa realidad creada por nuestros sentidos. Las maquinas aún no pueden crear la realidad tal como nuestro cerebro lo hace hasta ahora, pero pueden interferir entre tus sentidos y la realidad distorsionándola radicalmente.

¿En qué se basa el filme de ficción "La Matrix? Se hacen realidad en algún plazo de tiempo la mayoría de las fantasías que ha imaginado el hombre. ¡Seamos cuidadosos con lo que creemos y lo que creamos!

Parecen cosas de locos, pero está ocurriendo y cada vez más de prisa, curiosamente lo estamos recibiendo sin recelo alguno.

Ahora bien, algunos hablan de máquinas autoconsciente. ¿Estás de acuerdo con que tal idea sea posible? La inteligencia artificial no es nueva porque casi toda nuestra inteligencia intelectual también lo es, pues está basada en experiencias que no se repiten y generalmente las aprendemos mucho tiempo después para aplicarla también tiempo más tarde. Pero, ¿Consciencia?

¿Recuerdas que ocurrió antes de surgir la voluntad divina?

El SER se halló consciente de sí mismo.

El hombre fue hecho a imagen y semejanza de su creador y también puede ser consciente de sí mismo. Ya no digamos más que no lo somos porque hay demasiados impedimentos sino que por falta de Atención no logramos ser los amos de nuestro destino.

Prácticamente toda la creación del hombre se desarrolla de adentro hacia afuera. Pero el hombre es también capaz de penetrar en ese punto infinito y profundo del inicio, en la conciencia única, su autoconciencia, ser uno con su creador, prueba una meditación adecuada para ti y te sorprenderás con el resultado.

1 Corintios 7:7 Quisiera más bien que todos los hombres fueran como yo; pero cada uno tiene su propio Don de Dios, uno a la verdad de un modo, y otro de otro.

Cuando imaginas apreciar el mundo que te rodea sin emociones ni sentimientos lo crees algo frio y sin sentido. No tienes en cuenta que ese Amor inicial que se ha extraviado durante siglos se oculta detrás de ese jardín ilusorio y magnético de las emociones y que a su vez son él mismo en su raíz como la suma de todos porque ese Amor es todo lo que en verdad existe, creado por él y a partir de él. Sentirlo puede ser la puerta de un camino nuevo y maravilloso. Figúrate una flor única inmensa, con la fragancia, los colores y la textura de todas.

¿Escuchaste hablar de la simbología de la flor de loto en el budismo?

Cada tradición puede aportarte una pieza de tu puzle. Tu interior espera por ti para florecer de manera total y permanente, a diferencia de las emociones todas transitorias que terminan generalmente en algún tipo de sufrimiento.

Todo cuanto se haga fuera de la voluntad creativa inicial, todo lo que intente bloquear su propósito se convertirá en estímulo para su restauración y crecimiento. Como ave Fénix, resurgirá una y otra vez y con ella su "canto" creará nuevos mundos. Todo lo que se una a su propósito florecerá sin esfuerzo adicional porque ya esa voluntad se encuentra implícita y es el mayor poder existente. Cuando encuentras tu propósito talmente parece que el mundo a tu alrededor trabajara para ti y hasta puedes sentir vergüenza por lo fácil que aparenta ser todo ante de tantas adversidades actuales.

Ese "Canto" también significa: verbo-sonido-vibración-energía-materia-propósito y obra. Sin esta secuencia solo podrás <u>crear</u> a partir de lo ya creado. Tendrá movimiento, pero su <u>esencia</u> no será la <u>Vida</u>. Puedes construir un edificio, pero si no tienes en cuenta cómo son los seres que vivirán en él, la vida puede resultar insatisfactoria en su interior. Por eso un arquitecto requiere de mucha imaginación creativa además de ladrillos y cemento para lograr su propósito más allá de sus objetivos y metas cumplidas.

Los diferentes meditadores y Yoguis hablan de una melodía permanente en el silencio. Que interesante, ¿Tendremos todos que meditar o tan solo hallar nuestra otra porción armónica con nuestra Atención?

Cuando termines este libro estarás en mejores condiciones de discernirlo. Puede que algo dentro de ti medite continuamente y solo tangas que sintonizarlo para merecer sus regalos sagrados.

Atención:

En nuestra época posmoderna podemos lograr equilibrio si alternamos ambas fuentes de conocimiento entre lo Real a tu alrededor y lo Virtual creado por el hombre. Podemos crear intermitentemente un punto externo de dudas y limitar tanta atención constante sobre lo que se trasmite en los medios audiovisuales que dominan hoy casi totalmente a la mentalidad colectiva de nuestros días. Todo esto constituye nuestro EGO colectivo con todas sus máscaras y que va creando discordias por simples suposiciones, indemostrables en su mayoría.

Este punto de referencia debe lograrse que sea externo o fuera de la experiencia virtual porque es verdaderamente interno en ti y está ligado a tu conciencia, sin dudas depende de tu voluntad y tu nivel logrado de atención activa-selectiva.

Si no consigues ejercer tu voluntad para elegir conscientemente el enfocarte en tus intenciones y manejar los conocimientos adquiridos desde tu realidad, te encontrarás distraído, en un nivel de conciencia muy bajo con una vida poco creativa en general. No podrás crear, aunque si reproducir producir y consumir, este es el circulo vicioso que lleva a muchos a la frustración por no poseer la magia de involucrar tu esencia consciente de manera voluntaria, sino simplemente repeticiones automáticas. Incluso puede ser mucho peor en personas que lo logran y luego inmersos en los disfrutes comunes se pierden hasta convertirse en un despojo de lo que un día fueron. Conocemos la vida de muchos famosos con ese lamentable destino.

Cuando caminas o conduces por la calle y escuchas a la misma vez una conversación a través de unos audífonos o hablas a través del bluetooth de tu automóvil, tu nivel de atención activa disminuye o más bien se dispersa e invierte, logrando dirigirse en gran medida fuera de tu realidad actual, configurándose en una suerte de género de fantasía e ilusión. Estás en un lugar proyectando imágenes supuestas de otro espacio a partir de tus recuerdos, o sea, no estás totalmente presente. También considerado hoy una de las primeras causas de accidentes en la vía.

En este caso te desenfocas para <u>imaginar</u> sucesos o personas fuera de tu contexto real, no para crear sino para distraerte con varios focos a la vez y este es el trabajo principal de tu atención pasiva.

La <u>distracción</u> es imprescindible para pausar el sobresfuerzo de tu atención-elección y permitir así su continua renovación, como ocurre con los espacios de silencio necesarios entre los <u>sonidos</u> para convertirlos con su secuencia en música. Porque si fueran solo sonidos no habría melodía sino ruidos, aunque normalmente no te percates de esos silencios.

Te recomiendo: lo ideal es que cuando escuches música o alguna otra actividad auditiva, hagas solo una cosa a la vez. ¿Recuerdas el poder del "verbo"? también elige tu música según lo que quieras lograr y aplícale variantes que se adapten a tu respuesta interior, no sigas a ciegas las modas musicales porque algunas puede que no se adapten a tus necesidades espirituales y distorsionan tu vibración natural. Si escuchas música mientras conduces tu auto procura sea instrumental porque la voz en tu idioma natal te distrae más.

Si escuchas siempre la misma música no esperes descubrir qué sonido-verbo-creación te corresponde para tu verdadero y único momento de elección consciente del ahora. Te podrías quedar como Penélope, sentado(a) esperando y sorprendido luego por la diferencia que marcan en ti los cambios inevitables del tiempo del reloj. Has variaciones electivas y mejorarás tus resultados. Mira algún deporte que nunca comprendiste, descubre lo que te puede sorprender de lo desconocido.

Cuando estás distraído fuera de tu realidad, disminuyes tu nivel de *Atención* equivalente a Consciencia igual a Presencia.

¿Podríamos relacionar la epidemia de accidentes con el aumento de la industria del entretenimiento, ambos a nivel global y una gran disminución de la conciencia colectiva a su vez?

Nos estamos adaptando a permanecer inconscientes. La inconsciencia es una pandemia que produce además de accidentes también la respuesta inadecuada ante las enfermedades porque tu nivel de conciencia determina la eficacia de tu sistema inmunológico en casi la totalidad de los casos. Esta solo es diferente en aquellos que ya no les funciona como Los Síndromes de deficiencia adquirida, por virus, medicamentos, radioactividad u otras causas. También la ausencia de consciencia trae consigo la violencia instintiva a causa de la respuesta natural de supervivencia del cuerpo físico y su bien equipado inconsciente.

Un antiguo proverbio asiático nos alerta: "Primero lo primero y segundo lo segundo". Considéralo sencillo, pero se nos está tornando cada vez más difícil porque ¡Queremos hacerlo todo a la vez!

La industria del entretenimiento atenta contra nuestra voluntad. Por cierto:

¿Estás atento ahora mismo?

¿Estas eligiendo voluntariamente qué parte de lo explicado se ajusta a tu manera de ver el mundo hasta ahora?

¿Estás preparado para dudar de lo dicho en este texto y explorar tu propia verdad?

¿Estás además consciente de ti mismo mientras lees sabiéndote presente en tu totalidad y sintiendo tu cuerpo?

Son estos propósitos del autor a través de esta lectura, si se logra la repetirás. ¿Ya identificaste cuáles son los tuyos? Al hacerlo estarás reverdeciendo, cultivando tu propia voluntad. Recuerda que si no sabes hacia dónde te diriges no llegarás a ningún lugar y estarás condenado a dar vueltas en círculos. No siempre son círculos aburridos, pueden también resultar divertidos por un lapso de tiempo hasta necesitar otra vuelta en otro carrusel.

La atención activa constituye nuestro verdadero foco de atención consciente, la pasiva pertenece al instinto, al cuerpo y al aprendizaje subconsciente y también heredado. Son estos más lentos que la alerta consciente que está ligada a la conciencia universal, aunque ellos, los del instinto, son más veloces que la respuesta racional que va ligada a los procesos dependientes de los cinco sentidos. Un cálculo aproximado sería: Respuesta de alerta consciente, adelantada al proceso que creemos sea el ahora por el tiempo del reloj, intuitiva, no poseemos un cálculo que la alcance, tal vez compite con la velocidad de la luz, tal vez un terabyte por segundo en términos informáticos. La respuesta instintiva, instantánea, sin cuestionamientos ni análisis previo, pero que si se corresponde con el suceso que transcurre en el ahora del reloj, sería cercana a un gigabyte por segundo. Repuesta racional, corresponde a un análisis de la información recibida por los sentidos y que puede aparecer unas mil veces más lenta que el reflejo subconsciente para lograr vincularse posteriormente con las emociones como un reflejo de ese análisis, un megabyte por segundo. Si una serpiente se acerca a tus pies, primero saltas y después te asustas como reflejo al peligro, aunque te parezca a la inversa porque es todo muy fugas y es la emoción la que logra grabar el recuerdo del suceso. Las emociones poseen diferentes velocidades porque se asocian tanto al reflejo inconsciente de especie como al racional según el poder de su vibración, estará explicado en el libro para las emociones.

Un médico logra determinar tu estado de conciencia explorando tus niveles de atención activa, solicitándote dirijas tu mirada hacia un foco definido por él y determinando tu presencia en tiempo y espacio. Si esta no se encuentra disponible recurre al inconsciente a través de tus reflejos corporales.

Podemos deducir que atención y estado de conciencia son equivalentes.

¿Qué nos diferencia de los demás seres?

Atención-Elección = Conciencia, esta es diferente al instinto que también poseemos, pero que es un sistema involuntario e inconsciente presente en todos los seres vivos. Prueba a detener las funciones que sostienen tu vida voluntariamente. Detén por ejemplo tu respiración. Algo más fuerte que tú lo impedirá desde tu interior muy pronto ¡Y con gran fuerza! Sin embargo, la puedes detener transitoria y voluntariamente porque constituye la única ventana entre ambos estados, consciente e inconsciente. Dirige tu atención durante cinco minutos a tu respiración únicamente y descubrirás al observador detrás de tus pensamientos, eres quien observa, no quien piensa ni tus pensamientos, ellos vienen de todas partes.

Te detallaré ahora cómo reorganizar en la práctica tu sendero para cualquier logro: Tu Atención será dirigida hacia una motivación o inspiración que te guie a realizar una elección, esta elección llevará implícita tu intención, debes sentirla como tu guía intermedia. El propósito está relacionado con lo que puedes ofrecer creativamente, para lo cual utilizarás tu imaginación. Conociendo hacia donde te diriges y eligiendo la manera de llegar despiertas tu voluntad, la voluntad es el agua que riegas a la semilla de la creación, que te llevará a movilizarte para alcanzar tu logro, el cual se convierte en tu obra. ¡Recuerda!, ¡Atención---------Obra! Si lo practicas lo suficiente te podrías saltar muchos pasos porque pasarían a ser procesos subconscientes como todos los procesos repetitivos. Recuerda quien conduce a casa mientras piensas durante minutos sobre alguna preocupación, incluyendo parar en el semáforo. Por eso Tu Atención sostenida es el proceso más poderoso que podrías conocer para esta vida creada a base de energía e información.

Ya alguien desglosó cómo funciona la ley de atracción: atra-ACCIÓN.

Acción es: Obrar, hacer, producir, forjar, realizar, concebir, originar, en fin, te hallarás realizado a través de tu propio trabajo, de tu servicio a los demás, de tu complementación dentro del mundo. ¿Ya lo sabías? Intentaremos adentrarnos más en sus detalles.

Si no eres igual a nadie, entonces yace en ti la simiente de habilidades únicas, explóralas rigurosamente y sabrás quién eres en verdad.

Te propongo continuar simplificando:

Tu <u>atención</u> activa es tu <u>voluntad</u> de elegir y sostener dignamente dicha elección con la <u>libertad</u> de poder variarla. En esta frase se conjuga voluntad, albedrío, atención, elección, decisión y conciencia del <u>proceso</u>. ¿Existe acaso algún proceso que no se encuentre intrínsecamente ligado al <u>cambio</u>? Todo está ligado al cambio. ¿Por qué te dibujas una felicidad estática como el final feliz de una película? En nuestra vida práctica cuando llegamos al final la muerte nos separa de este plano y cuando la vida continua todo cambiará nuevamente. ¿Será acaso que estamos tan ensimismados que hemos quedado hipnotizados por alguna película muy sofisticada? ¿La Matrix?

¿Has escuchado la célebre frase "proceso revolucionario"?

Lee las palabras subrayadas:

Atención-Voluntad-Libertad-Proceso-Cambio.

Tristemente célebre es esa frase porque quienes la promueven terminan limitando el proceso, negando la libertad, diezmando la voluntad y llevándolo todo a una desidia sin cambios, generalmente durante décadas.

Deberíamos sin vacilación prohibir la palabra <u>REVOLUCIÓN</u> en labios de políticos en el <u>PODER</u> que no deseen abandonarlo oportunamente.

Es un vocablo que solo atrae un poder real mientras vibra en boca del PUEBLO y solo el pueblo puede cambiar el destino de un país. Los dictadores populistas solo cambian la historia contándola invariablemente a su favor. El verbo alcanza su mayor poder cuando resuena con lo que sientes, si no lo sientes, su vibración deja de construir para destruir y el primer engañado serás tú mismo, luego no podrás convencer a otros de aquello en lo que tú mismo ya no crees.

"Hazte consciente de que todo es cambio constante, desapégate de lo que parezca permanente pues es solo una ilusión de tu percepción ligada al deseo heredado de crear más tiempo del reloj, porque ese tiempo es medible y el intelecto necesita contabilizar cantidades. Lo único verdadero e inquebrantable es el Cambio, por eso pertenece a la Eternidad.

Apégate al cambio y dejarás atrás cualquier sufrimiento, porque generalmente el cambio ha sido traducido por una sensación de pérdida. Si aceptas que todo cambia comprenderás entonces que nada se pierde. La vida es el proceso de cambios y sin esos cambios no sería vida sino una fotografía de algún momento elegido. Solo tu intelecto racional se apega a ese tipo de felicidad imposible, porque en realidad tus ojos no ven todo lo que ocurre sino una secuencia de imágenes, como fotogramas de una película de rollo y las percibes en un límite de veinticuatro de ellas por segundo.

Noticia, tu subconsciente sin contar contigo percibe y procesa muchas más imágenes y sonidos que eso, así también nos percatamos de su alta velocidad. Esta facilidad del subconsciente es aprovechada para dejarnos mensajes subliminales a través de los audiovisuales sin que nos percatemos. ¿Qué decir de tu consciencia? Parece que tu Consciencia ni siquiera necesita de tus ojos para lograr verlo todo, practica la meditación y lo comprenderás en la medida que aprendes a apartarte del ruido exterior e interior.

La vida es también un proceso voluntario de creación, manutención y destrucción inevitables. La muerte es un instante de cambio al igual que lo es la vida misma, es solo una etapa de renovación.

Dios es revolución y cambio universal, por eso una revolución sin Dios es un despojo de ideas sin cambios que por más que se intente no dejará más huellas que el sufrimiento. ¿Pero qué es Dios? Él es Consciencia y Presencia Universal porque está en Todo. ¿Y de qué depende tu presencia consciente? De tu ATENCIÓN.

De este análisis deviene una frase de Roberto Fernández Retamar.

¿Sobre qué muerto estoy Yo vivo…...?
"El otro".

Porque somos renovación y no continuidad, somos siempre diferentes e irrepetibles como parte de la variación para el aprendizaje.

La creación está implicitita dentro del proceso vida. Sin creación no habría vida y la vida sin creatividad pierde su verdadero sentido. ¡Pronúnciate al respecto y Crea sin temor! Tu imaginación es única, no necesitas repetir nada.
También cree en tu Poder al Decidirlo y te aliarás a tu Voluntad.
¿Estarás dirigiendo ya tu atención sobre tus verdaderos propósitos? ¿Los reconoces o permaneces en piloto automático guiado solo por el instinto y el subconsciente? ¿Has estado "ALERTA" acerca de tus "INSTINTOS" y has visualizado sus notables disonancias al respecto de tu sentir profundo y consciente?
Observa a menudo tu cuerpo, él habla contigo: "No quiero ese alimento, este lugar me hace sentir incómodo, esa persona me crea desazón. ¿Y tú cómo respondes?
Te guías por tus pensamientos y supuestas conveniencias, obligando al cuerpo a un mal-estar que te lleva a un desequilibrio al que

han dado por nombrar enfermedad, cuyos signos y síntomas no son más que mensajeros del cuerpo para que recobres tu coherencia.

Si todo cambia constantemente, ¿exclusivamente tú pretendes no hacerlo?

Vive de manera tal que valga la pena contar lo que haces y no lo que obtienes porque finalmente los objetos solo poseen valor de uso y por demás también se deterioran…

Capítulo 4:
"El instinto y la inspiración"

Ari Hakadosh:
"cuando se despertó en Él la simple voluntad de crear..."
"en efecto cuando se elevó en su simple voluntad, de conformar mundos y activar su potencial..."

Por otro lado El Rey David expresó:
"Él dijo y fue, ordenó y se sostuvo" (Salmos 33:9).
Somos parte de todo ese potencial.

El instinto proviene de una inteligencia perfecta, aunque inconsciente. A este aspecto de nuestra existencia no podríamos añadirle expresamente nuestra voluntad, de manera casi absoluta, porque podemos acceder a una porción cercana a él como el subconsciente mediante la hipnosis y entonces llevar a cabo variaciones de manera voluntaria y es este el valor terapéutico de este método.

El perfecto funcionamiento del inconsciente debería ser independiente de nuestro subconsciente y las emociones, pero están actualmente tan ligados que se confunden. También debemos controlar alguna de las tendencias cuando se mezclan y resultan inconvenientes para la convivencia social a las que llamamos comportamiento compulsivo producto de esta mezcla de inconsciente y subconsciente, convertido ahora en una plaga global de crímenes y suicidios entre otros padecimientos y adicciones. El comportamiento compulsivo consiste en el dominio de nuestra actividad por nuestra mente subconsciente de forma preponderante, con resultados desastrosos en la esfera de la salud, la laboral y las relaciones interpersonales de toda índole.

Cuando sentimos hambre nuestro instinto de preservación nos lleva a asumir actitudes de búsqueda de alimento, incluso antes de que el intelecto jugara algún papel importante ya era así.

Si presentimos peligro, incluso antes de que algún pensamiento clasifique su magnitud, asumimos una actitud de lucha o escape.

No es necesario mostrar a nadie como conquistar una pareja, realizar el sexo y tener descendencia, aún el más torpe hallaría la manera de llevar a cabo este instinto de conservación de la especie.

Nuestras células realizan alrededor de dos billones de funciones superinteligentes cada segundo sin contar con nuestra anuencia, algo extraordinariamente favorable porque el intelecto es demasiado lento para asumir ese mando.

Igual ocurre con nuestro aparato cardiovascular, sería una locura si gobernáramos ese sistema de manera consciente, podríamos morir durante el sueño por ausencia de mando para que latiese nuestro corazón de manera apropiada.

Sin embargo, existe una ventana abierta entre nuestro sistema inteligente del instinto, el subconsciente y nuestro sistema consciente en vigilia, se trata de nuestra respiración.

Podemos respirar tanto de manera inconsciente, verse alterada por las emociones del subconsciente, como lograr gobernar parcialmente esta función imprescindible. Parcialmente porque el cuerpo corregirá cualquier exceso o defecto a través de una estructura encefálica llamada centro respiratorio, salvaguardando así la vida, adecuando cualquier desajuste del PH por causa de cambios en los gases sanguíneos.

¿Podríamos avistar alguna voluntad en el instinto? Si, la voluntad divina de la creación, que protege su oportuna difusión en cada criatura, siendo el hombre la más perfecta obra de esa inefable potencia iniciadora. Por cierto ¿Decidiste llamarle big bang?

Lo cierto es que nuestra voluntad no puede confundirse con el instinto mismo que emana de la vida, esa pertenece a la creación siendo acción y obra en su conjunto independiente a nuestra acción. Una persona en su sano juicio intenta suicidarse y algo lo detiene, ese es nuestro instinto innato de conservación.

Si esa voluntad cesa, la vida termina. El peligro de esta inteligencia, en nuestro caso, radica en que no esté supervisada adecuadamente por nuestra consciencia.

Lo vemos lamentable e inexplicablemente cuando un niño muere sin causa aparente o demostrable. Los médicos le llaman "muerte súbita" y constituye aún desconcierto para la ciencia más avanzada. La vida cesa su esfuerzo y sin motivo aparente se detiene. Es un cese de la voluntad inconsciente porque no sabemos exactamente cuándo se hace más consciente cada ser humano, al parecer todos en momentos diferentes de la edad cronológica alrededor de los siete años en niñas y ocho en barones.

Al despertar en la mañana cualquier animal se levanta y echa a andar por su propio instinto. Un hombre que esté dotado de todas sus cualidades, al despertar expresa su voluntad decidiendo la actitud que asumirá a continuación, y alcanza elegir conscientemente si se levanta a trabajar o se queda en casa viendo la televisión.

Es cierto lo que puedes estar pesando: Son actualmente muchos los que se dejan arrastrar por el instinto de conservación individual y creen, que es igual a estar consciente, que todo lo que hagan para sobrevivir estará justificado por su instinto comandado por la compulsión del subconciente; (EGO: intelecto-mismo=Egoísmo), incluso el abuso sexual, el robo o el asesinato.

Te aseguro que también son cada vez más los que despiertan a la luz de la conciencia y rechazan con Voluntad absoluta tal ingratitud para con la Existencia, porque es esa la peor de las tentaciones, vivir sin respetar el derecho mutuo a la vida.

¿A cuál de los dos grupos te gustaría vincularte?

¡Emplea tu inspiración y agradecimiento! ¡Quien agradece merece!

Para agradecer y no caer en falsas expectativas y consiguiente sufrimiento por decepción al no lograrlas, puedes elegir agradecer la esencia misma del acceso a todos tus beneplácitos, que yacen por si mismos en La Vida que disfrutas a través de tus sentidos.

¿Ya sabes a quién o qué agradecer? Explícaselo también al resto y evítales el sufrimiento por incomprensión.

Si tuvieses la suma de dinero mayor posible querrías comprar tiempo y salud, sin embargo, solo podrías comprar entretenimientos buscando diversión y medicinas para curar enfermedades. ¿Por cuánto dinero venderías tus ojos sanos?

La Inspiración: esta da lugar a la manifestación de nuestra porción no física. Relacionada con lo más genuino que proviene de nuestro ser espiritual y que eventualmente se ve conjugada con las artes. Posee su total asiento en la conciencia del hombre. Proviene de ese lugar desconocido e inexplicable tan lleno de vacío y silencio. Así descubre el escultor la pieza de arte oculta dentro de la piedra.

No es guiada por pensamientos ni emoción alguna, sino por un sentir más recóndito que nos trasladan hasta el Sentir Común de la humanidad, el arte puede unir lo que la razón separa. Esta muestra de la voluntad absoluta convierte de manera universal al hombre en un instrumento más que en creador y deja huellas en la conciencia colectiva de la mayoría de los pueblos, muchas veces universal. Esa voluntad universal justifica cómo seres simples logran incluso tiempos record violando las leyes de la supervivencia personal, resultando perecederos para la humanidad.

La inspiración supera con creces a la motivación proveniente del mundo exterior.

Se apoya fundamentalmente en la intuición, siendo esta una experiencia que une al ser humano con su fracción divina. El individuo se siente seguro ejecutando su obra o actividad sin que logre explicarse exactamente porqué. Así ocurren los grandes descubrimientos científicos, con un golpe de manzana en la cabeza, por ejemplo.

Porque se trata de una comprensión que trasciende toda lógica, dejando detrás toda intervención del intelecto. Quedan a solas el hombre y su conciencia-presencia conectados a través de una absoluta atención sobre el proceso. El artista pierde la noción del tiempo, desaparece la personalidad y somos solo el instrumento en manos del verdadero arquitecto.

¡Es lo que suele convertir a un médico en artista! Impidiéndole ver al ser humano como un simple ente Bio-psico-social, lo presiente entonces cómo una parte de él y descubre lo indescifrable.

Algo más se mueve, decía Einstein y los sabios dicen que no solo es energía, porque algo más profundo se mueve con voluntad propia.

El significado de inspirado es: permanecer en el espíritu. El espíritu pertenece a lo intangible, que es el elemento causal de todo lo tangible y forma parte intrínseca de la voluntad inicial.

Notar estas diferencias te puede ayudar a definir y elegir cuál vocecita interior te puede guiar mejor.

Capítulo 5:
"Disciplina y motivación"

La disciplina radica, más allá de las directrices y las reglas que muestran sus diferentes manifestaciones sociales, en poseer un código muy singular.

De manera generalizada suele ser considerada como una imposición de pautas, ya sea por el individuo mismo, un grupo o la sociedad.

En realidad esos matices limitan su verdadera naturaleza.

La <u>disciplina</u> es fundamentalmente una muestra de exquisita de <u>voluntad</u> individual. Es en ella en la que el ser humano muestra su <u>carácter</u> y <u>personalidad</u>. Es a través de la misma que el ser social asume responsabilidad y autocontrol sobre sus decisiones. La llamaríamos entonces Autodisciplina, pero no existe otra, el resto son imposiciones creada por las normas sociales.

La autodisciplina es la causa y no la consecuencia de lo que te ocurre. Cada cual asume regirse por aquellos cánones que más se aproximan a sus hábitos de comportamiento para sentirse mejor identificado y confortable con ellos intentando lograr sus objetivos. Cuando el hombre no puede elegir y es regido por la obligatoriedad, se lacera su voluntad de manera muy profunda. Luego quedan dos opciones, tu voluntad se fortalece o te desautoriza, dependiendo de la profundidad del daño recibido.

¿Crees casual que durante ciertos gobiernos el servicio militar al país se haga con carácter obligatorio y a la vez se trueque patria por gobierno?

Saben que obedecer sin derecho a elegir disminuirá esa pujanza, aunque después algún día también se les opondrá cual dictamen divino.

¿Conoces el funcionamiento de la inercia? Las leyes siempre se cumplen y los pueblos están formados también por individuos que terminan detonando cualquier dogma mientras avanzan buscando soluciones.

Nada te limita totalmente, lo ineludible finalmente ocurrirá, como se expresa en la "unidad y lucha de contrarios" declaradas en el marxismo, o la "ley de intertransformación e interdependencia de contrarios" del Yin-Yang de la filosofía taoísta. Incluso Karl Marx tenía razón en algunas cosas y no casualmente era de origen judío.

Todo lo que se pospone si no muere se vigoriza.

Es absurdo enarbolar unas leyes y luego impugnarlas con estatutos que desfavorecen la propia convicción... Estas leyes se manifiestan en cadena desde el individuo hasta la estructura social más organizada. Por tanto, la consciencia siempre terminará superando a la inconsciencia en un ciclo continuo y fluctuante de crecimiento y transformación.

Autodisciplina=autocontrol:

Estas, ambas son expresión de la voluntad en el ámbito social y personal.

Voluntad también significa control sobre nuestras acciones, dejar de ser compulsivos y descontrolados.

Si decides controlar tus impulsos inconscientes y evaluar tus decisiones de manera efectiva, lograrás hacer de tu voluntad el estandarte de tu vida. Te cito como ejemplo las adicciones a las compras, ¿cuánto lograrías ahorrar? quizás simplemente dejarías de despilfarrar.

Proverbios 15:32 El que tiene en poco la disciplina menosprecia su alma; Mas el que escucha la corrección tiene entendimiento.

Comprende cómo se manifiestan las emociones en ti, no pueden ser tuyas, aunque las llames "tus emociones" porque no las puedes someter, evita identificarte con ellas o serás sistemáticamente su esclavo.

Las emociones son transitorias, puedes verlas pasar o quedarte anclado en su servidumbre si pretendes que ellas sean el motor impulsor de tus principales estímulos. Ellas son capaces de ocultarse en un plano profundo casi inconsciente y emerger arbitrariamente cuando el subconsciente las activa de forma automática. La disciplina consciente logra superar la compulsión que provoca buscar satisfacción solo en las emociones y sus simuladores, como drogas y adicciones.

En el libro sobre emociones se darán a conocer el funcionamiento de las mismas, seguramente todos lo disfrutaremos mucho, pues muy pocos están exentos de su cruel tiranía. Explicarlas y comprenderlas te devolverá tu único poder sobre ellas.

La motivación: ha sido evaluada por algunos como el movimiento del alma, motor incluso de la conducta y expresión "mental" de una acción futura. Sin embargo, del alma surge la inspiración y del inconsciente y las emociones la motivación, por tanto debemos estar atentos a sus diferencias.

Las motivaciones difieren en potencial dependiendo de su carácter, si esta proviene de la inestabilidad del EGO (intelecto), que prioriza acumular beneficios individuales o si proviene de una atracción genuina con carácter altruista de realizar algún beneficio en común para todos, entonces podrían dirigirte hacia algún propósito aun siendo externas.

Esta última se dirige en un sentido diferente, el ser humano disfruta ofreciendo su propio servicio y solo acumula el beneficio de sentirse realizando la acción correcta, no por el resultado al cual no brinda mucha importancia. Su motivación surge de la necesidad de autoanalizarse.

La primera es guiada por el instinto y la segunda por la inspiración. ¿Cuál consideras más favorable para ti? Cada una posee su momento, recuerda que también se debe conservar a la especie y nos creamos el amor romántico con tal propósito.

Encuentra motivaciones que logren estremecer tu interior, que susciten sentimientos satisfactorios.

Arquímedes dijo: "Dame una palanca y moveré al mundo".

Hoy podríamos decir: Dame una fuerte <u>motivación</u> y moveré al mundo, por supuesto, una que anime fuertemente a tu <u>voluntad</u>.

Entonces, la disciplina es el camino y la motivación el destino, un destino dinámico porque todo se trasforma y así logra convertirse en estímulo para la imprescindible voluntad que necesita ser sostenida.

Las motivaciones son como destellos en el horizonte que al acercarnos desaparecen y surgen otros, crea siempre objetivos que sean dinámicos porque los ya logrados podrían disminuir tu entusiasmo. Encuentra motivos bien profundos en ti y te sentirás inspirado, lo cual es la verdadera esencia de tu voluntad.

Capítulo 6
"Conducta y personalidad"

En vez de adentrarnos en los aspectos psicológicos o sociológicos de la conducta y la personalidad asociados a la voluntad, trataremos de visualizar su interrelación de manera sencilla.

La <u>conducta</u> posee un <u>carácter</u> limitado, pues acontece durante el periodo de tiempo que establece un propósito <u>determinado</u>. Asumimos una conducta para lograr un determinado fin. Nuestra conducta en el espacio laboral es diferente a la del hogar. No somos los mismos frente al chófer del ómnibus que delante de una posible pareja romántica: "Somos artistas independientes rodando por el gran teatro de la vida sin guion" o con un guion subconsciente que permitimos nos accione.

La <u>personalidad</u> es la sumatoria de todas nuestras conductas, que han ido creando un hábito en nuestro actuar, nuestra personalidad es consecuencia de cierta <u>disciplina</u> en nuestros <u>hábitos</u>, conscientes o no de ella.

La personalidad tiene un carácter más permanente y suele lastrarse de manera casi general durante toda la vida, incluso en edades avanzadas se acentúan sus características más relevantes.

Sin embargo, ante situaciones extremas, grandes desastres o peligros graves para la vida, algunas personas modifican su comportamiento y en ocasiones de manera permanente transformando para siempre aspectos de su personalidad. Es así cómo actúa la terapia de regresión, en este caso te induce a reproducir una realidad en el pasado del reloj, para modificar esa proyección mental grabada recreando otra y sustituyéndola para sanar emociones, compensándolas con otras más favorables.

La conducta puede servir de entrenamiento para nuestra voluntad si la mantenemos por mucho tiempo en busca de logros sobrepasando obstáculos. Cuando esta se acentúa le añade rasgos a la personalidad que pueden así concebirla como mejor definida.

La personalidad por su condición más permanente, puede influir, favorecer u obstaculizar el desarrollo de la voluntad, ser valientes o cobardes es una muestra de ello. Aunque sabiendo que esta se logra modificar según la situación, pareciera que todos padecemos de personalidades múltiples, por lo cual esto nos fragmenta y nos vuelve un tanto incoherentes de manera sostenida. Esta condición podría ser vista como locura si no fuese tan generalizada.

Recordemos que en la personalidad <u>participan</u>, las creencias individuales y que nuestro sistema de <u>creencias</u> influye en la forma en que <u>accedemos</u> a nuestra <u>realidad</u> o cómo la creamos. Tanto como nuestra la ética, nuestra cultura y religión crean nuestro propio paradigma, condicionando nuestra perspectiva de la realidad.

Un paradigma consiste en un esquema, un ejemplo idealizado de cómo llevar acabo nuestra vida práctica. Es el lente a través del cual observamos el resto de la existencia. Es un mapa confeccionado por nuestras experiencias, que no tiene en cuenta los grandes y frecuentes cambios que van transcurriendo. Como el mapa de una ciudad que modernizan constantemente y deja de mostrar los puntos de referencias necesarios para orientarnos.

Comprenderás entonces cuán importante es que nuestro paradigma sea flexible y adaptable tanto como lo es nuestra realidad constantemente cambiante.

Nuestra personalidad es la obra imperfecta de nuestro paradigma existencial.

Los paradigmas funcionan a nivel de nuestra voluntad ejecutiva mental a través de nuestra imaginación. Están basados en la interpretación de los diferentes sucesos como buenos o malos, según su resultado favorable o desfavorable. En la práctica las cosas y los sucesos son solo procesos y su clasificación depende del punto de apreciación temporal que se tenga, se modifican aunque los tratemos como perennes y son una muestra de una paranoia generalizada, la cual pretende que en algún momento nada cambie para encontrar el paraíso en la tierra.

Por ejemplo, la venida de un salvador externo a partir de lo cual todo se tornaría perfecto, puede ser un líder espiritual o los extraterrestres.

Existe en infinidad de creencias que permiten la estrategia del intelecto de poder postergar el poder ser felices a un tiempo que no ha llegado y seguiremos aclamando como solución para nuestra falta de voluntad consciente y creadora.

¿Has conocido u oído hablar de alguien con tu igual mirada o tus mismos sentimientos respecto a tu familia o amigos?

¿Alguien tuvo exactamente tus mismas circunstancias y cualidades físicas o intelectuales? Es improbable. Sin embargo, las personalidades son imitaciones mezcladas e inconscientes de otras ajenas a tu genuina espontaneidad. El propio DNA y tus huellas dactilares tienen la respuesta, ¡NUNCA SE REPITEN! No tienes que ser tan rígido en tu manera de actuar, ni ser un héroe o un genio, sé solo tú.

Confía en tus talentos más que en lo que has aprendido, sé tú y lo que sientes, no tú y lo que se supone que debes sentir, entonces desarrollarás una voluntad que acompaña a tu ser único e irrepetible para que surja lo más sagrado que hay en ti, tu creatividad. Recuerda al artista, cuando está ensimismado creando su obra él desaparece, y tú también traes tu propia obra para ejecutar.

Capítulo 7
"Un paradigma existencial flexible para desplegar voluntad"

Los Paradigmas son el hechizo que el intelecto atrajo a nuestras vidas, hipnotizando nuestra conciencia con dogmas, acorralando a nuestra voluntad creativa y libre para obligarnos a vivir en círculos interminables. A esto le llamaron El Samsara los asiáticos antiguos.

Un paradigma constituye una estructura rígida, inanimada, un esquema sustentado por un prototipo ideal a nivel solo de los pensamientos.

Es prácticamente imposible lograr materializar lo que se idealiza.

Un mapa diseñado meticulosamente puede mostrar detalles esquicitos, pero donde colocamos el dedo para señalar no se encuentra el Hotel que queremos visitar sino un trozo de papel.

En primer lugar, porque el mundo en que vivimos está sujeto al cambio constante e inevitable. Si bien nos puede servir de ejemplo, se evidencia que las circunstancias cambiantes impiden repetir sucesos, personas, situaciones y mucho menos las consecuencias como suma de todos los anteriores.

En segundo término, porque la mente logra perfeccionarlo tanto que lo convierte en algo totalmente irreal, imposible de alcanzar en nuestra cotidianeidad, ¡trátese de lo que se trate! Ya sea una persona, una religión, una sociedad, una relación o nuestra propia realización personal.

No debemos perseguir quimeras sino lograr disfrutar de lo estupendo de cada logro por simple que nos parezca, por ejemplo, un día más.

Hay quien no da valor a tener un hijo, mientras otro daría su vida por tan preciada experiencia afectiva.

Si la vida está siendo inalterablemente creada a través del verbo=sonido=vibración=movimiento, queda claro que también esté sujeta a modificaciones en esa corriente constante de energía. Podríamos verla como la corriente de un río, con áreas más profundas de menor cambio y otras superficiales de cambio continuo y visible.

¡Porque la Voluntad inicial concibió el cambio, todo cambio está sujeto a esa voluntad!

Únete a la voluntad creadora y encuentra el fluir de tu vocación de servicio. ¡Todos tenemos algo especial que ofrecer!

Incluso nuestro abrazo es por si único. No todo el que te abraza te hará sentir lo mismo.

Cuando algo muere queda inmóvil y los cambios que se producen son tan solo destructivos inicialmente. Pero aún allí se producen cambios profundos que más tarde dan lugar a nuevas formas de materia orgánica, una vez más creando vida.

Una fotografía constituye el paradigma de un lugar o suceso. Sin embargo, si acudimos al lugar ya nada es igual. Con el tiempo el propio recuerdo deforma las imágenes, los hechos, las distancias y circunstancias. No tiene que ser mucho el tiempo, revisa la teoría del rumor. En esta teoría se trata de que una noticia que pasa de una persona a otra varias veces mantenga el mensaje inicial y sin embargo se deforma en cuestión de minutos.

No nos queda de otra que ACEPTAR el ineludible cambio.

Convertirnos en parte del cambio impide que nuestra vida se convierta en un círculo de aburridas repeticiones, todo es siempre desconocido e impredecible a cada segundo.

El tema de la <u>Evolución</u> de las especies continúa muy discutible por razones obvias. Al no existir evidencias de ningún ejemplar de transición entre una especie y otra luego de tantas excavaciones y hallazgos. Esto nos llevará una y otra vez a la investigación que siembra la <u>duda</u> a la <u>Luz</u> de la <u>Razón</u>.

Sin embargo, la propia teoría de Darwin nos dejó un legado inamovible: LA ADAPTACIÓN.

La adaptación promueve también la necesidad de cambios y es indispensable para la supervivencia. ¡Aprende a adaptarte constantemente!, enséñale también a tus hijos, les será más provechoso que lo aprendido en la escuela.

Es por esta importantísima razón que te propongo modifiquemos nuestro paradigma hacia uno que ocupe las cuatro dimensiones de la realidad aparente en la que vivimos, con alto, ancho, profundidad y <u>tiempo</u>. Porque a pesar de ser insustancial este último, añade al resto movilidad y <u>transformación</u>, el tiempo es nuestra porción de eternidad durante el periodo <u>actual</u>.

Comienza por remover todos tus esquemas.

Tus <u>esquemas</u> afloran en tu vida a manera de creencias que luego se convierten en hábitos, son costumbres que "<u>matan</u>" en nuestra existencia a la calidad de <u>vida</u>.

Comienza con lo cotidiano: ¿Comes siempre lo que te gusta?, pues añade a tu dieta cosas que has reprobado en otra etapa. Con los cambios de edad puedes cambiar los gustos y si no te regalas la oportunidad de probar ¡Podrías perderte las mejores cosas de tu vida sin reconocerlas!

Hazlo también con tu forma de vestir. No sigas solo a la moda, siente lo que <u>experimentas</u> con la apariencia que te trae cada pieza de vestuario frente al espejo, a solas sin criterios ajenos y también la <u>comodidad</u> que te ofrece. Tu cuerpo te habla, escúchalo fuera del alcance del espejo y posteriormente frente a él.

Impide que tu sexualidad se experimente como un ritual, lo diferente conlleva exploración y excita los sentidos, esa es la verdadera sensualidad romántica. ¡Explórala!

"Busca y hallarás", se aplica a todo, también el sexo es considerado sagrado en toda su dimensión…

¿Te gusta siempre el mismo equipo de fútbol o de otro deporte? Hazte consciente de que esas personas no son siempre las mismas, que son sustituidas por otras totalmente diferentes al retirarse la anterior. Que lo único estático es el nombre, que es un paradigma. No te identifiques con los símbolos. Crea verdadera empatía con la subjetividad real de cada jugador, él no pertenece a nada ni a nadie, simplemente es un ser humano aportando su servicio lo mejor que puede mientras lo disfruta, cumpliendo su propósito individual que es diferente para cual, incluyéndonos.

También reconoce que terceros lugares y otras posiciones juegan su importante papel para que otro alcance su meta y merita el mismo respeto, ocasionalmente mucho más. Sin segundos y terceros no habría primeros legítimos.

Más allá de un equipo tienen una vida propia al igual que tú. Vive la tuya con desenfado, verás cómo los mejores de cada estirpe poseen esa cualidad y ese es su único sello en común, vivir desenfadadamente todo el tiempo posible.

Si profesas alguna religión específica, revisa su historia y la de todas las demás. Conoceréis la verdad y…

"La verdad te hará libre".

Todas las religiones tuvieron puntos de partida en común. Todas fueron reformadas en la insaciable búsqueda de una verdad que es exclusivamente individual. ¡Son todas un dedo que señala la luna, pero ninguna es la luna!

Crea tu manera individual de Sentir tu religión. Por ese camino se puede llegar a un sentir común, el Amor como esencia de la creación.

A la que pertenezcas ahora le fueron añadidas formulas individuales de sus grandes líderes, son el producto de transformaciones a expensas del profesar de otra época generalmente diferente a la tuya. La interpretación y el peso semántico de cada palabra o frase suele cambiar a la luz de un nuevo conocimiento, incluso el tiempo modifica el significado de muchas palabras.

"La religión encuentra pruebas detrás de cada puerta que abre la ciencia", te recuerdo nuevamente a Albert Einstein.

Existen cientos de versiones de cada libro sagrado, tu versión debe ser interior, sin necesidad de rechazos a otras diferentes por considerarse contrarias. Es tiempo de hallarnos como nación diversa disgregada.

En todas se propuso el hombre acercarse a lo divino a través de una versión representada externamente, sin embargo, los más grandes maestros espirituales señalaron hacia el interior.

Las imágenes y formas con que representan los hombres en su exterior alguna guía no son siempre diabólicas, son también otro acceso a su interpretación actual, son erradas, consideradas pecado porque se encuentran en un sentido diferente al original y por tanto también son temporales.

La verdad profunda es permanente, la tienes que sentir. Encuentra tu verdad única sin imponérsela a otros. Evitemos más enfrentamientos.

Muchos fueron los que encontraron su verdad realizando un periplo a través de varias religiones, no los critiques por pertenecer a una diferente, quizás lleguen a ti mucho más convencidos de que la verdad absoluta no existe afuera, porque todo es cambio y es tal vez eso lo que ha estado haciendo, creciendo, cambiando, madurando.

Desde el inicio de la creación lo único permanente es el cambio, la transformación. ¡Transfórmate desde dentro y todo cambiará afuera! No ocurrirá a la inversa, mira a tu alrededor y descubrirás demasiados farsantes fingiendo cambios con disfraces diferentes.

Si consideras estar en la religión correcta, recuerda que la duda te llevara más profundo en tu búsqueda, todo ese proceso es interior.

Mantente atento a los cambios que ocurren dentro de ti mientras practicas tu religión. No en tus emociones sino en tus afectos hacia el resto. La verdad es una experiencia no un conocimiento. ¡No juzgues! Porque al juzgar surge la emoción favorable o desfavorable y te controla, también te crea enemigos, cuando en cambio deberías encontrar la compasión.

Si nada cambia, si no eres mejor ser humano, si no despierta en ti la caridad y el altruismo de saber que todos somos víctimas de circunstancias que pueden variar e incluso invertir las posiciones, entonces duda de que esa sea verdaderamente la que te corresponde.

Sorpréndete a ti mismo si estás ocultando tus miedos o permaneces en la búsqueda de privilegios y recuerda que no te podrás mofar del creador, está en todo y jamás donde el miedo adquiere su cobija.

Llámese religión a todos los que se congreguen convocando a la divinidad, incluso los que niegan por alguna razón pertenecer a alguna. Tal vez no han entendido aún que la religiosidad reside en la búsqueda constante de lo divino. Por lo que es insustituible y mayoritario el esfuerzo del cual surge la voluntad individual, ella se quedará rezagada donde gobiernen los dogmas. La creencia genera dudas, la Verdad inspira Certeza, ambas son parte de un camino en espiral con altibajos. ¡Sé deferente con lo diferente!

¿Cómo sabrás que estás frente a un dogma?

Muy sencillo, habrá cosas que no se te permitirá poner en tela de juicio. Habrá obligatoriedad de aceptarlas como "Verdad absoluta". No tendrás opciones de escuchar a nadie más que aquellos que suponen tener esa "verdad" extraída de la versión "más sagrada" de alguna liturgia.

Te sentirás diferente, especial o algún otro argumento sobrenatural que a tantos llevó a beligerancias. Despreciarás a otros por no enarbolar tu misma Fe.

Son muchas las religiones donde se tiene muy en cuenta la manera en que te diriges a Dios y el modo en que lo nombras. Estas religiones tienden a dividir a los hombres y son el motivo fundamental de muchas de las más cruentas conflagraciones armadas que se han llevado y se llevan a cabo aún en la actualidad. Sin embargo, en su mayoría están de acuerdo en que existe un solo Dios mientras se dividen con un comportamiento contrario y compulsivo dominado por el instinto y el miedo. Dale un valor distinto a la palabra para que una en lugar de dividir u odiar.

Busca en los orígenes de la palabra Pecar, su significado se traduce como errar, no dar en el blanco en la época de los primeros arqueros y cazadores de ese mismo arte. Dirigirte a un falso Dios es un pecado, por supuesto porque no llegarás a ningún grado de satisfacción verdadero.

El falso Dios más común de nuestros tiempos es el Dinero y son muchos los que creen que a través de él lograrán el máximo de felicidad y lo pregonan incluso dentro de sus propias religiones de manera personal.

¿Qué es lo más frecuente?, dirigirse a Dios solo para que este les garantice este medio de intercambio de servicios o valores de objetos.

Otra manera de demostrarlo es que los máximos líderes de muchas religiones obtengan grandes fortunas, incluso son respetados por ese mismo logro. Se es pecador cuando se espera todo a través del Dinero y no a través de la Divinidad, sencillamente porque te estas dirigiendo a uno para lograr el otro, no cabe dudas de que apuntar en sentido diferente al objetivo te hará pecar, sinónimo de errar o equivocarse. Pero es una experiencia personal, podemos ser piadosos con los confundidos sin imponerles nuestra mirada.

Lucas 16:13 Ningún siervo puede servir a dos señores; porque aborrecerá al uno y amará al otro o estimará a uno y menospreciará al otro. No podéis servir a Dios y a las riquezas.

En segundo lugar, es menos importante si te diriges a imágenes o nombres diferentes, procedemos de culturas y lenguas todas mezcladas por el hombre moderno. ¿Por qué imponer criterios a golpe de rechazo y violencia?

El que se equivoca lo sufrirá por su resultado. Mientras encuentre oposición estará inmerso en una batalla diferente a la necesaria para llegar a su satisfacción real y tú podrías estar estimulando esa lucha innecesaria que atrasa a la evolución de nuestra especie. Una vez más logrando el resultado contrario, pecando-errando en tus intenciones, colocando tu atención en el punto desacertado.

Solo sabrás si estás apuntando correctamente o no cuando tu flecha de Amor te sea devuelta justo en tu corazón, porque lo sentirás; esa simbólica muerte por Amor a la Vida es un proceso y es la experiencia que se convertirá a su vez en tu propio renacimiento. Por supuesto que nos referimos al Amor incondicional hacia toda la existencia.

No existe razón para cambiar constantemente de empleo, oficio, negocio o relación de pareja. Sin embargo, puedes enfocarte en modificar sistemáticamente la manera en que te relacionas con cada uno de ellos. Recuerda que la repetición de hábitos, lo aniquila todo. Las costumbres poseen la fuerza que inmovilizan a la Creatividad. Solo en lo cultural e histórico nos puede resultar interesante conservar algunos detalles.

Imponte el reto de verlo todo como si estuvieras fuera de tu propia existencia, experimenta sentirte exclusivo al comenzar de cero cada día, como una verdadera aventura.

Cuéntale a un extraño tu vida como si fuera la de otra persona, recibirás los mejores consejos, pero se valiente y mantén la calma para escuchar de frente tus sectores erróneos ocultos en tu propio autoengaño.

No culpes a nadie por la falta de sinceridad, tú mismo se la impides con tu actitud frente al fracaso.

Nada sería tan interesante como acudir a tu propio velorio y escuchar lo que se habla de ti. ¡Cambia todo antes de que llegue ese día! La Vida es ese cambio.

Deja de resistirte y verás como por su peso ocurre, la gravedad funciona sin explicaciones. ¡Acostúmbrate a formar parte de la aventura constante del planeta! No puedes evitar su peligroso viaje a través del universo. La posibilidad de impactarnos con un gran asteroide es tan alta que es ridículo que riñamos por pequeños espacios mentales y terrenales, nuestro cuerpo sin vida cabe realmente en muy poco espacio.

Ya sabemos que estamos en peligro de extinción constantemente, tenlo presente al tomar decisiones importantes.

Has que valga la pena contar lo vivido más que lo acumulado.

Capítulo 8
"Nuestro poder que elude al tiempo"

"Cuando estás totalmente <u>atento</u>, el tiempo se detiene y el <u>milagro</u> es <u>posible</u>". Dr. Ernesto Almenares

Cuando prácticas suficientemente tu atención podrás incluso percibir cambios en el sentido del tiempo. Eso que tanto te ha alarmado al percatarte que ocurre en ocasiones, es universalmente natural porque vivimos dentro de la eternidad y un cambio de conciencia afecta toda nuestra percepción. Déjà vu, en francés.

En la contraportada del Best Seller del Dr. Deepak Chopra, "Cuerpos sin edad mentes sin tiempo", él nos expone:

"Cuando nuestra atención permanece en el pasado o el futuro, estamos dominados por el tiempo... Pasado y futuro sólo son proyecciones mentales. Si logramos librarnos de ellos todo se transforma en una realidad continua.

En ese libro Chopra nos conduce por pasajes hacia el mantenimiento de la juventud, "enfocándonos" en el presente, ese es el gran valor de tu atención-elección.

Nadie posee una experiencia real de vivir en el pasado o el futuro, donde único encontrarás vida es en tu presente constante y cambiante.

Si diriges tu atención-elección a tu presente, estarás atrayendo más conciencia a tu vida; recuerda que tu conciencia posee el poder creador infinito, solo tienes que enfocarla y atraerás voluntad para realizar propósitos.

Si trasladas tu Atención directamente a tu cuerpo y descubres en él la maravilla de su autonomía, te adentrarás en un mundo de transformación consciente, esto te lo explica Eckhgart Toller en su Best Seller "El Poder del ahora".

El cuerpo puede ser la puerta y la llave tu respiración, hazte consciente de su ritmo y comprenderás como controlar tus emociones. Ellas son Dragones que devoran tu energía vital, porque no poseen energía propia, de ahí su carácter siempre transitorio. La ira dura poco porque consume gigantescas cantidades y la tristeza puede perdurar porque consume muy poco de tu energía vital. Las emociones modifican la manera en que respiras y así puedes aprender más sobre la manera en que las experimentas.

Tus problemas habitan siempre en el pasado o el futuro, pero estos no existen. Ahora podrás estar ocupado enfrentando el presente y sus improntas con mucha atención, recuerda que tu atención posee mucho poder y puede incluso diluir muchos de tus supuestos problemas, practícalo y obtendrás resultados.

Rhonda Byrne en su también Best Seller "El secreto" ("El poder de la atracción") nos indica el valor de sintonizar con nuestros pensamientos favorables y brindarles mayor Atención, atrayendo como resultado una importante influencia en nuestros logros personales. Aunque no explica totalmente el uso de las emociones que retomaré en un próximo libro como aspecto vital para nuestras vidas tetra-dimensionales cómo lograr cronometrar los resultados.

Condicionamos nuestro futuro como resultado de nuestro esfuerzo actual, sinónimo de voluntad desde este minuto, AHORA. Hoy es el mañana que ayer esperábamos.

En su libro, "El Poder de la intención" de Wayne W. Dyer, nos explica cómo influye en nuestras vidas encontrar la intención inicial de la Creación como un propósito fundamental para lograr sintonizar con el tuyo individual. Recordemos ahora que intención es la voluntad dirigida a través de nuestro foco de atención principal, el cual se convierte en motivación si sentimos que nos favorece en el camino hacia nuestros logros.

Intenta <u>experimentar</u>, sentir tus <u>motivaciones</u>, no solo pensarlas. Dedícales Atención.

No podrás sentirlas en otro momento que no sea ahora. Incluso si las atraes en forma de recuerdos muy vívidos los cambios en tus células ocurrirán ahora por la respuesta hormonal que provocan. Por ejemplo, el terror o la ansiedad por un suceso, objeto o persona en particular, se vincula con similares emociones porque ellas son las encargadas de crear al tiempo y el recuerdo.

No caben dudas de que, en todos los casos, la fracción imprescindible es la Atención. Diríamos al respecto que se trata específicamente de nuestra atención activa o atención-elección que es igual a nuestro estado de Conciencia.

El poder mayor para crear nuestra realidad se encuentra asentado en nuestra voluntad, nada lograrás sin ella. La cualidad principal para sintonizarla con nuestros propósitos es el poder que le otorga nuestra atención-elección. Esta es la parte de nuestra atención que nos lleva a niveles de conciencia más plenos. La atención-elección se encuentra siempre en el presente, dejando fuera sin dudas al futuro y el pasado.

Nuestra atención-elección permite también la sintonía de nuestros <u>sentimientos</u> profundos, permitiendo hacerlos coincidir con nuestras <u>motivaciones</u> en nuestras <u>intenciones</u>. Lo que no suscite motivación en tu presente no un <u>propósito</u> para este momento y no constituirá estímulo para tus intenciones futuras, sentirás como se van atenuando y limita que logres sintonizar adecuadamente con tu atención-elección.

Lo que ocurre con frecuencia es que nos aferramos a objetivos a través de la razón y esta analiza solo los convenientes cuantificables, duda de ellos para hallar un mejor resultado, es diferente a sentir la desconfianza porque esta proviene del miedo, capitán de las emociones desfavorables. Solo somételos al escrutinio de tu conciencia, de tu atención selectiva por mayor tiempo.

Encuéntrale sentido a tus tareas prescindiendo del cálculo, cuenta con tu hemisferio derecho, dale su oportunidad.

La duda busca la verdad, la desconfianza la niega de antemano.

La <u>voluntad</u> no fue, siempre <u>es</u>, la <u>conciencia</u> es, solo en el "<u>intelecto</u>" coexiste el "<u>tiempo</u>" y se guarda en el subconsciente, grabándose con ayuda de las emociones, es así como crean los tiempos. Primero el pasado y luego uno mejorado o empeorado que representa al futuro con alegría o miedo según sea el caso.

Todo lo que tienes para vincularte con las poderosas fuerzas creadoras de este instante es tu atención electiva enfocándola en tu presente. Todo el poder del mundo se encuentra fuera del tiempo y depende de la tenacidad de tu atención activa.

No fuerces tu <u>atención</u> por causa de pensamientos que dicten dogmas, <u>déjala</u> posarse donde <u>reciba</u> el abrigo de la <u>Paz</u> y la alegría sutil pero perenne del amor incondicional, es así como tu atención <u>sintoniza</u> mucho más rápido con tu conciencia y ella siempre sabe dónde está la Verdad.

Mira cómo vuela un grupo de aves, ellas sincronizan con algo que no se ve, solo lo "sienten", eso les concede un "mismo sentir".

Cuando encuentras tu propósito nadie es mejor ni peor que tú; cada cual hace lo que les corresponde para este momento de crecimiento, mientras ofrecen algún servicio con el auténtico sello de su Verdad. Lo sabrás porque disfrutarás de manera autentica cosas que para otros sería una carga.

¡Lo <u>verdadero</u> siempre produce <u>alegría</u> y lo <u>falso</u> atrae <u>sufrimiento</u>! Presta atención a este importantísimo complemento. Recuerda que en nuestro interior existe una búsqueda común, La Felicidad.

Una flor artificial jamás te ofrecerá las sensaciones de una verdadera. Es real, expuesta ante tus sentidos ella existe, pero no es verdaderamente una flor, es simplemente un trozo inerte de algún tejido que trae consigo un mensaje diferente de belleza estética.

Todos los grandes Maestros de la historia han realizado retiros de austeridad y abandono. Ellos han meditado y buscado la paz que solo el silencio ofrece.

La ciencia moderna ha podido examinar que sucedía con el estado de <u>discernimiento</u> de aquellos Maestros investigando a los que en la actualidad lo hacen con <u>verdadera</u> <u>entrega</u>.

Resultó asombroso descubrir que las ondas cerebrales se modifican hasta alcanzar el ritmo alfa, trayendo una relajación salutífera con estados superiores de conciencia y diferencias en la percepción de la realidad.

Esto coincide además con la sintonización del cerebro humano, entre un 80 y 90% con la resonancia del planeta de 8 oscilaciones por minuto.

¡La buena noticia! Las oscilaciones del planeta se han estado elevando paulatinamente hasta alcanzar una frecuencia de 13 por minutos y el cerebro humano con solo mantenerse relajado, atento en la subjetividad de apreciar su medio y su propio ser como un solo evento engranado y coherente, logra sintonizar con esa frecuencia que continúa aumentando.

¡Solo tienes que mantenerte atento y tu mundo cambiará al unísono contigo!

Porque tu creatividad y consonancia con las bondades de la voluntad solo se manifiestan durante tu plena conciencia, fuera del alcance de tus pensamientos y del tiempo. ¡Utiliza los pensamientos!, evita que te usen ellos a ti.

El tiempo es una creencia que no puedes desterrar de tu vida práctica. Pero puedes a la vez reposar en la eternidad porque vives en ella, y no en la mente cronológica.

Solo se trata de cambiar de creencia sobre algo totalmente subjetivo y sin riesgos, pero el beneficio a mediano y largo plazo es ilimitado.

Solo usa el tiempo para sincronizar los eventos programables. Tu vida es un proceso que acontece sin necesidad del tiempo. El tiempo personifica solo un fragmento en tu limitado espacio mental. La mente es solo un tipo de inteligencia que la conciencia supera por millones de veces.

Tu vida transcurre en el campo de tu conciencia como una experiencia y la conciencia es demostradamente infinita. Si no estás totalmente seguro, al menos prueba a aceptar esa verdad científica y verás los resultados. Más que creer y crear tiempo, prueba a confiar y avivar tu Presencia fuera de él.

¿Cómo lograrlo? Practicando tu voluntad a través de tu atención-elección, evitando arriesgarla en piloto automático, no dejando nada a merced de variables que generalmente no suceden.

Ya has escuchado sobre el Dé ja vú. Ocurre el suceso y luego aparece el recuerdo que nos parece que ya ocurrió, se relaciona con percepción asincrónica del tiempo durante sucesos ocasionales. Esto demuestra que el tiempo es solo un acuerdo del intelecto para comprender los sucesos por eso solo en él funciona la lógica.

Al principio se te hará difícil sintonizar con lo que quieres lograr, puesto que tus creencias te afectan. Has lo siguiente:

Todos tenemos situaciones, personas, lugares, etc., que nos hacen sentir inconformidad o desaliento de manera cíclica. Utiliza tu voluntad ejecutiva mental. Entra en ella e intercambia cada uno de ellos por otro que te produce placer, tranquilidad y simplemente dedícales atención a estos durante quince segundos cada vez que intenten aparecer en tu espacio mental los no deseados. Se trata solo de llevarlos a este plano de conciencia-presencia, fuera del tiempo. Repítelo utilizando las mismas imágenes y emociones, solo uno cada vez.

Tu conciencia posee afinidad por lo placentero.

Ese plano creativo posee sus raíces en tu conciencia y la planta crece en la realidad que fecundan tus pensamientos junto a tus emociones, sin dudas los sustituirá, tan solo siembra semillas nuevas y abónalas con tu creatividad, añádeles además sabor y olor, imagínalo, luego siéntelo.

¡La clave es que solo funciona uno por uno y no variarlos hasta sentir que el otro perdió todo su poder! ¡Pruébalo, es magia real! Un regalo inestimable, que reforzará tu atención-elección con logros tangibles.

Tu intelecto y tu subconsciente prefieren el drama, lo promueven y realzan por encima de todo para lograr ser nuestro centro de atención. La mayoría de las personas intentan revivir los dramas de su vida o ajenos creando una adicción inconsciente a ellos y sus emociones intensas porque le dan sensación de vida, evitando inconscientemente a la sagrada paz.

Explícale esto a tus nietos y lo entenderán tus abuelos donde quiera que estén.

Elige solo lo que quieres, la voluntad siempre ha estado ahí esperando a que lo hagas junto a ella. Cuando logres sintonizar con ambos extremos del proceso, la intención desplegará su arsenal creativo y si además este Proceso te produce placer, comprenderás para entonces a qué le debes llamar Vida.

La Vida es parte de la existencia toda y transcurre fuera del tiempo, dirige tu mirada hacia adentro sistemáticamente para escuchar a tu cuerpo.

El tiempo tiende a cristalizar todo en forma de pensamientos, recuerdos e imágenes, por lo que más adelante se van a fragmentar dejándonos en total desconcierto. Nos han enseñado erróneamente a encontrar el sentido de la vida a través de los pensamientos, cuando en realidad ellos no poseen potencial de continuidad porque se intercambian constantemente, vienen de todas partes, la televisión, las historias, los recuerdos deformados etc.

Muchas personas te invitan a vivir desenfrenadamente estímulos placenteros, sin propósito alguno y te alegan que será lo que te llevarás al final de esta vida.

Intenta rehacer todos esos recuerdos y notarás cuantos sucesos fragmentados amontonarás sin coherencia alguna. Son como trozos de una película que repite guiones con diferentes escenarios sin concluir ningún mensaje coherente, se honesto contigo mismo para que comiences a conocerte.

Solo podrás llevarte la paz y la alegría incondicional que logres y esas no se explican con palabras formuladas por el intelecto, porque debes experimentarlas sostenidamente. Entonces se quedan para acompañarte en su propia eternidad.

Las estrellas que ves en la noche podrían no existir hace millones de años, ellas demoran en alcanzarnos con su luz en cifras similares, puede que vivas en un Universo que ya no existe e irracionalmente te guías por un tiempo imaginario.

Recuerda, cuando estás atento resides en el único lugar que existe la vida, El Ahora, en él la voluntad es servidumbre y tu conciencia es quien gobierna junto a ti, porque realmente ella eres Tú.

Desnaturaliza para siempre la anarquía de tus pensamientos que te crean un espacio fuera de todo control. No intentes detener a los pensamientos, solo viaja dentro de la eternidad que te ofrece permanecer atento. Observa esporádicamente tus pensamientos para hacerte consciente de que no provienen solo de ti. Algunos son risibles, otros peligrosos y hasta malvados, si provinieran de ti podrías convertirte en un verdadero monstruo lapidario, con otras personas ellos lo logran.

Trae a tu vida Atención y podrás diferenciar al Amor incondicional que mueve a tu Voluntad creando mundos con alegría, del otro amor jerarquizado por el sufrimiento que reclama queriendo controlarlo todo.

Evita el control dejando todo en libertad, La Voluntad es sublime y requiere libre albedrío.

Observación: El tiempo es una fragmentación de la eternidad, es un evento imaginario para el cual el intelecto del hombre creó medidas.

Si te encuentras disfrutando, el tiempo pasa de prisa, si sufres por alguna razón parece demasiado lento.

Independientemente de la influencia de las emociones que crean tiempo, a partir del aumento en la frecuenta vibratoria en el planeta después de 1992, se percibe el paso del tiempo de manera más acelerada producto de su influencia en nuestro cerebro. La manera en que percibe la frecuencia de los sucesos y su grabación en forma de memorias, constituidas por huellas a nivel de la superficie de las dendritas. Las dendritas son un tipo de célula nerviosa especializada.

Por encima de todo tiempo, existe eternidad, luego de toda experiencia cronometrada, incluso la vida de un ser humano, la eternidad continúa.

Cuando te haces consciente de que no existe formula alguna para demostrar la existencia objetiva del tiempo, comienzas a vivir en la subjetividad de tu conciencia, donde todo es eternidad, ese puede ser tu mayor poder, dedícale "Tiempo".

Nuestro instinto de querer ser inmortales no es desacertado. Somos algo más que este amasijo de carne, huesos y tejidos especializados. Ese "algo" que vive en nuestro interior está conectado al "todo", pues la esencia misma de todo es energía imperecedera que nunca se destruye, solo se intertransforma.

Te propongo un viaje a ningún lugar, sin mapas o paradigmas, sin tiempo porque él es insustancial, sin ruidos internos o externos, solo centrados en el silencio profundo de tu conciencia que todo lo ve aún con ojos cerrados, experiméntalo, ¿quién mira detrás de tus parpados cuando cierras tus ojos y a solas ves el telón que ellos crean?

Este viaje ya ha sido consumado, estás en el lugar apropiado para conseguir todo a través de tu voluntad, sintonízala con tus intenciones a través de tu atención-elección. Vive la aventura del presente con todos sus riesgos y crecerás hasta llegar al mejor de los sitios, donde te han estado esperando eternamente, Aquí y Ahora sin el tiempo del reloj.

Albert Einstein dijo: Los importantes problemas a que nos enfrentamos los seres humanos, no pueden ser resueltos al mismo nivel de pensamientos con que los hemos creado.

Te propongo que sean resueltos cuando los pensamientos y sus aliadas las emociones vuelvan a ser herramientas y no los humanos sus títeres, con presencia de algunos pícaros titiriteros.

Los códices anteceden a los libros, pero lo escrito aquí antecede incluso a los códices. Las palabras son solo ecos de aquel primer sonido, verbo-vibración. Son resonancia de una misma sabiduría en muchos idiomas y representaciones. Escuchará el que más atento agudice su oído interior y sintonice con la melodía de las esferas que componen todo el universo. ¿O acaso crees que todos los planetas en movimiento solo producen silencio? El sonido según los que han viajado al exterior con verdaderos propósitos y no de vacaciones, es AO-hhhmm. Otra coincidencia con lo dicho por las tradiciones antiguas.

¿Cuál es entonces tu verdadero designio?
<u>Servir</u> de alguna manera peculiar que solo tu <u>sentir</u> profundo puede <u>distinguir</u> como una <u>satisfacción</u> inestimable para ti.

¿Cómo encontrarás tu función en el universo?
Prestando mayor <u>atención</u> a los pequeños <u>detalles</u> de tu vida donde radican tus <u>habilidades</u> innatas e <u>irrepetibles</u>.

Realiza una exploración partiendo desde tu niñez, es posible hallas olvidado algunas insignificancias valiosísimas.

¿Por qué no encontramos todos nosotros nuestros espacios correspondientes y se terminan así los conflictos humanos? Porque se encuentran ensimismados en las vidas del resto, alternando en falsas imitaciones de estilos de vida, desde alguien de la farándula hasta a un vecino exitoso. Porque no escuchan los ecos de la sabiduría… Cada cual posee una manera única de ser feliz.

Éxodo 20:17 No codiciarás la casa de tu prójimo, no codiciarás la mujer de tu prójimo, ni su siervo, ni su criada, ni su buey, ni su asno, ni cosa alguna de tu prójimo…

Se ha menoscabado la <u>intención</u> de dirigir la <u>atención</u> hacia tu interior, ese proceso intuitivo y silencioso denominado <u>meditación</u>.

Hoy muchos viven centrados en satisfacer inquietudes del instinto incluso compulsivamente, perdiéndose los talentos ubicados en este gran regalo del Presente que representa nuestra autoconciencia, la fracción que nos concede la grandeza de asemejarnos al Creador.

Espero hallas disfrutado de tu propia compañía mientras reflexionabas y desentrañabas tus argumentos para cada uno de estos apreciados temas.

Cada vez que lo leas te pondrás en contacto con la persona más importante de tu existencia, tu propio Ser.

Gracias por acompañarme, naturalmente, con pensamientos divergentes, te deseo sustentes la misma avidez por encontrar el camino de regreso a nuestro hogar común que es La Conciencia propia de nuestro planeta.

Durante el viaje aparecerán muchas señales, pero solo las verás si recuerdas hacia donde te diriges.

Resumen

Cuando eras pequeño hasta aproximadamente los tres años, sabías lo que querías y a qué habías venido, pero luego te enseñaron a negar, a reprimir esos recuerdos llamados fantasías hasta aprender obligadamente a mentir, a repetir lo que otros te digan que es la Verdad. No hubo "perversas" intenciones en eso, solo fue un ritual inconsciente repetido por muchas generaciones.

Ahora puedes volver a recordar quien eres y ser sincero contigo mismo, decidir si quieres ser un Tú coherente o solo una copia más de una sociedad plagada de clonaciones.

Cuando eres verdaderamente Tú, cada día tiene una luz diferente que trae su propia aventura. Cuando concibes lograrlo todo con planificaciones previas, pierdes espontaneidad, repites patrones, te reduces a orbitar alrededor de los que despiertan frente a tus siluetas de un ser hipnotizado por el aprendizaje común que roba tu autenticidad.

Amar absolutamente QUIEN verdaderamente ERES puede convertirse en tu religiosidad más genuina. Amar lo crees QUE ERES es intentar que no te modifiques y puede convertirse en una obsesión patológica que terminará en un fracaso seguro de lo permanente contra el perenne cambio.

No eres la imagen en el espejo, eres el que observa desde dentro de ti y fuera de ambas imágenes.

www.ingramcontent.com/pod-product-compliance
Ingram Content Group UK Ltd.
Pitfield, Milton Keynes, MK11 3LW, UK
UKHW022215230426
12048UKWH00016BA/858